教育心理学在培训中的66条定律

黄馨逸　著

中国财富出版社有限公司

图书在版编目（CIP）数据

教育心理学在培训中的 66 条定律／黄馨逸著 . — 北京：中国财富出版社
有限公司，2024. 2

ISBN 978 - 7 - 5047 - 8100 - 0

Ⅰ. ①教…　Ⅱ. ①黄…　Ⅲ. ①教育培训—教育心理学—研究　Ⅳ. ①G4

中国国家版本馆 CIP 数据核字（2024）第 047653 号

策划编辑	周　畅	**责任编辑**	田　超　刘康格	**版权编辑**	李　洋
责任印制	梁　凡	**责任校对**	卓闪闪	**责任发行**	敬　东

出版发行	中国财富出版社有限公司			
社　　址	北京市丰台区南四环西路 188 号 5 区 20 楼		**邮政编码**	100070
电　　话	010 - 52227588 转 2098（发行部）		010 - 52227588 转 321（总编室）	
	010 - 52227566（24 小时读者服务）		010 - 52227588 转 305（质检部）	
网　　址	http：//www. cfpress. com. cn	**排　　版**	宝蕾元	
经　　销	新华书店	**印　　刷**	宝蕾元仁浩（天津）印刷有限公司	
书　　号	ISBN 978 - 7 - 5047 - 8100 - 0/G · 0811			
开　　本	710mm×1000mm　1/16	**版　　次**	2024 年 6 月第 1 版	
印　　张	12.75	**印　　次**	2024 年 6 月第 1 次印刷	
字　　数	196 千字	**定　　价**	49.80 元	

序

从小，我就对心理学有较为浓厚的兴趣。在很多人眼中，心理学似乎是非常深奥的学科，我则对心理学的场景化应用以及与其他学科的交叉实践更为偏好。

入学伦敦大学学院教育心理学专业之后，我有幸能从权威的专家教授那里接收到较为系统的教育心理学理论指导和思维启迪。

教育心理学是一门应用场景很广泛的学科，我一直试图寻找其中某个可聚焦的维度以进行更为具体的研究。

机缘巧合，在大二暑期的实习期我有幸加入佩斯领导力商学院的专业培训团队。在亲身参与一堂堂培训课程、一个个培训项目以及一次次培训复盘之后，我突然萌发了把教育心理学理论与培训效果提升进行结合的想法。

如果把心理学这门学科比喻成一座冰山，那水面之下是厚重甚至复杂的理论，而水面之上则是一个个引人入胜、妙趣横生的心理学故事。

我查阅了国内外不少关于心理学定律的书籍，发现真正能与教学培训相结合的少之又少。于是在专业老师意见的基础之上，我决定把"教育心理学定律在培训中的实践应用"确定为课题的基本研究方向。

获悉国内鲜见与这一主题相关的实用指导书籍，在家人、朋友和老师的鼓励下，我把课题研究的成果出版成书。

我期待本书能为职业培训乃至青少年教育领域的从业者提供新颖的视角、有益的启发和实用的指导。

在此我要由衷感谢佩斯领导力商学院专业培训团队给予我的大力支持和帮助，他们为本书的写作提供了大量一手素材和一线经验。

在本书写作收尾之际，我有幸收到了剑桥大学教育心理学研究生的录取通知。我觉得这是本书带给我的一份幸运，也更坚定了我在教育心理学领域不断钻研、不断探索、不断发表更多作品的决心和信心。

最后，作为我出版的第一部书籍，本书或存在一定的疏漏与不足，希望读者朋友多提宝贵意见。

黄馨逸

2024 年 4 月于英国伦敦

目 录 ▎

第一章

学习动力激发与学员激励

第一节　需求层次与学习发展
之间的关联与冲突

但凡谈到人才培养和学习激励，"马斯洛需求效应"是无法绕开的重要心理学理论。然而，"马斯洛需求效应"在教育培训与人才发展中的实际应用，有着和我们普遍认为的内容不一样的解读方向和实践操作方法。并且，在分析学习激励中人的需求层次时，为了防止得出一些"片面"或"表面"的结论，我们需要把其他相关的心理学效应与之整合起来，以让拼图更加完整。"马斯洛需求效应"与"德西效应"以及"跳蚤效应"的融合，能让我们对人才培养激励和学习动力提升的理解更加深刻、更加全面。

利用需求层次促进学习发展的三个心理学定律如图 1-1 所示。

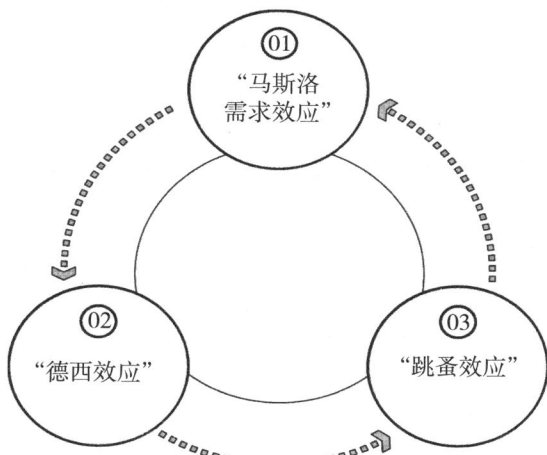

图 1-1　利用需求层次促进学习发展的三个心理学定律

■ "马斯洛需求效应"——逆马斯洛人才培养

"马斯洛需求效应"作为极其有影响力的心理学内容，为我们研究人的需求、动力和激励提供了非常实用的指导框架和分析工具。

马斯洛在著作《动机与人格》中，把人的需求界定为如金字塔般的五个层级。从这个金字塔的底部向上，人们的需求分别为生理需求、安全需求、社交需求、尊重需求以及自我实现需求。

马斯洛在书中提到当某一阶段的需求得到满足后，新（更高层级）的需求又会出现，以此类推。这似乎表明马斯洛需求金字塔中不同层级的需求是由低到高向上递进的。

但有一个现象值得我们关注，那就是从古到今许多杰出人士的马斯洛需求层次是跳跃式发展的。他们中的大部分人在生理需求和安全需求等低阶需求还未得到彻底满足的情况下，就产生了对高阶需求的强烈渴望，进而激发通过学习成长自我提升改变命运的强劲驱动力。

1. 马斯洛需求层次的跳跃式发展

许多我们耳熟能详的杰出人物，在生活极度贫困艰难的状况下，却能自我挖掘出远超普通人的需求和动机。

这一现象对人才教育培训的启发是：对于那些刚开启职业生涯的人，对于那些具备开发潜能的人，对于那些综合表现一般但拥有专项才能的人，或者对于那些暂时陷入人生低谷的人，即便其需求层次还处于较低阶段，我们完全可以在其低阶需求还未被充分满足或无法被满足的情况下，跳跃式地去刺激和引导其更高阶需求的产生。

这种逆马斯洛式人才培养方式，更有利于提早挖掘出某些专项人才，锻造出某类异于常人的"奇才"，对稀缺人才和特殊人才培养具有非凡的借鉴意义。

2. 逆马斯洛式人才培养

在很多时候，我们可以把培养对象置于艰苦的条件和恶劣的环境中，故意给他们制造逆境困难。与此同时，投入精力和时间来引导他们的高阶需求，激发他们赢得他人尊重和自我尊重的强烈愿望，培养他们基于自我实现需求的事业心、使命感和成就欲。

比如有些运动队的教练会把队员带到条件艰苦的环境中去磨砺。在此期间，他们会鼓励运动员们为团队以及国家的荣誉刻苦训练，为实现自己的人生价值而努力提升竞技水平。

曾经有一对家境极其殷实的夫妻，合演了一出现实版的"变形计"。他们为了避免自己的孩子贪图安逸，故意制造了"公司破产""负债累累"的假象。他们告诉还在读小学的儿子，未来想要过上更好的生活，要赢得别人的尊重和高看，只能靠自己努力学习来实现出人头地。很显然，这对夫妻对孩子的成长培养采取了逆马斯洛式的做法，即剥夺其对低阶需求的轻易满足，同时激发其对"赢得尊重""扛起责任"以及"自我实现"等高阶需求的强烈企图。

不管是学校教育还是企业人才培养，都可以借鉴和运用这种逆马斯洛式的激励模式。近年来，不少企业家和高管都热衷于安排核心团队去挑战"玄奘之旅"等徒步戈壁的项目，并且把"戈壁精神"作为重要的价值观在企业内部推广传播。最近几年"红色主题教育"在企业培训中也颇受欢迎，员工们被组织参观革命圣地，回忆先烈的艰苦岁月，体验老一辈革命家的奋斗精神。

另外，对那些成长过程中一路顺顺利利的人，我们有必要针对性地实施马斯洛需求层次的跳跃式引导。通过故意给其设置一些障碍来剥夺其低阶需求的轻易满足，同时激发引导其高阶需求的产生。这样做可以更好地锻造其品质，让其在心理上更加成熟稳定。

为了更完整、全面和客观了解"马斯洛需求效应"对教育培训中学习动力提升的指导意义，我们需要将两个重要的心理学定律与之进行结合，它们分别是"德西效应"和"跳蚤效应"。

■ "德西效应"——慎用外部刺激干预

在了解"德西效应"之前，让我们先澄清一个人们对"马斯洛需求效应"的常见认知误区。人们通常会认为当一个人低阶的需求得到充分或起码满足之后，其更高阶的需求才会产生，并变成主要的需求。

因此，为了提升目标对象的学习动力和成长欲望，我们会尽量给他们提供良好环境、资源，以更好满足其生理、安全等低阶需求。这样做是基于一个符合"马斯洛需求效应"的假设：低阶需求被充分满足有助于尊重需求和自我实现需求等高阶需求的产生，而这些高阶需求能更好促进人的驱动力产生及发展。

正是基于上述假设，不少急于提升孩子学习效率的家长，为子女购买了价格昂贵的笔记本电脑、iPad 或其他高科技设备，希望能激发孩子更强的求知欲望。正是基于上述假设，有些学校为了给学生创造更好的学习环境，把教室装修得非常舒适，并配置了各种先进的智能化教学设备。正是基于上述假设，有些企业为了提高员工对培训的积极性，习惯于把培训活动安排在豪华的酒店内，并且培训期间的午餐、晚餐和茶歇极其丰盛。

然而，大量来自成人培训或未成年人教育的实例都证明，这些让低阶需求得到充分满足以更好促使高阶需求变成主要动机的做法，无法达成目标。事实上，对低阶需求过度满足，反而会让很多人的高阶需求产生受到抑制。

1. "马斯洛需求效应" vs "德西效应"

为了对"马斯洛需求效应"在教育培训中的应用有更多角度审视，我们有必要参考一个重要的心理学定律——"德西效应"。"德西效应"认为适度来自外部的物质奖励和保障有利于巩固个体的内在动机，但过多的物质奖励和保障有可能降低个体对事情本身的兴趣，降低其内在动机。从教育培训的角度来看，当一个人对学习的内容和从事的任务本来就具有动力时，来自外部的物质奖励和保障不但不会增加其动力，还会降低其动力。

"德西效应"的本质其实是马斯洛需求层次中对低阶需求过度满足导致了对高阶需求产生反向抑制。不少为孩子配备了价格昂贵的电脑等学习设备的家长发现，孩子对拥有和更新先进设备工具的欲望远超过对学习进步与自我成长的追求。很多时候，过度舒适的教室反而会让学生无法专注在课本阅读和老师讲解上。在举办于豪华酒店的培训活动中，丰盛奢华的午餐在让人大快朵颐的同时会导致不少人在下午的培训过程中昏昏欲睡。

2. 学习兴趣干预的"双刃剑"

"德西效应"的例子可以说在我们身边比比皆是。在学校教育中，当学生尚没有形成学习动机时，教师从外界给予物质刺激和保障是有必要的。但是，一旦学生对学习的内容和方式本身已经产生了内驱力和兴趣，再给予过多的物质奖励和保障只会得到与目标相反的效果。当学生把获得来自外部的物质奖励当成学习的目的，学习关注点和兴趣会转移，他们对学习本身的内驱力就会减弱。

正因如此，我们在教育培训中需要遵循一个重要的法则：对低阶需求适度满足有利于高阶需求产生，对低价需求过度满足则会抑制高阶需求产生。

外在的物质保障和经济刺激作为对学习兴趣进行干预的手段，好比一把"双刃剑"。如果我们发现学员对学习内容本身缺乏内在的兴趣度和积极性，那我们就要使用这把"双刃剑"进行干预，这时候的干预往往或多或少是有效的。一旦我们发现学员对学习内容本身已经产生了浓厚的兴趣和积极的渴望，那我们就要避免进行干预，这时候如果干预的话效果往往适得其反。

"德西效应"告诉了我们马斯洛需求中低阶需求和高阶需求之间的互动关系，而"跳蚤效应"则为我们解剖了和"马斯洛需求效应"有关的一个值得关注的现象。

■ "跳蚤效应"——防止需求降级

马斯洛在《动机与人格》一书中阐明了需求层级是一级级向上的，但他没有特别提及一类值得引起重视的现象，那就是需求降级。

1. 关注需求降级

当一个人在学习成长的过程中遇到了极大的挫折，他的需求层级有可能发生倒退，即从一个较高阶的需求降到一个较低阶的需求。这一现象不仅经常发生在未成年人教育领域，在成人职业发展培训中也比较常见。

例如有些大学刚毕业就进入知名大企业工作的年轻人，他们勤奋、努力、好学、有强烈的成长欲望以及尊重需求和自我实现需求等高阶需求。但是经过一段时间后，他们会发现公司给自己提供的资源和上升通道非常有限，而且他们的很多创意得不到上司的重视。于是他们中不少人的需求就会逐渐开始降级，尊重需求与自我实现需求等高阶需求会慢慢消失，最后有些人的需求可能降级到只想得到一份能保障自己日常开支的工作。

的确，职场新人容易因为遭遇挫折导致其需求层级下滑。不仅如此，进入职业生涯倦怠期的职场老人同样会产生需求降级。不少职场老人会逐渐对工作失去热情，把重心转移到生活和家庭。他们对职业生涯中"自我实现""赢得尊重"等高阶需求越来越失去追求的欲望，他们的需求会不断下调到生理需求、安全需求等低阶需求。

需求层级的下滑对于人才培养会产生很大的挑战，因为一个著名的心理学现象会因此出现。

当人们把一只跳蚤放在一个倒扣的玻璃杯内时，这只跳蚤每次往上跳都会撞到玻璃杯底并且感到疼痛。而当玻璃杯被拿开后，人们会惊奇地发现，原先可以跳1米多高的跳蚤却只能跳玻璃杯那么高了。这一现象背后所反映的，就是心理学中一个值得关注的定律——"跳蚤效应"。①

2. 防范"跳蚤效应"的危害

"跳蚤效应"告诉我们，一旦从高阶需求倒退到低阶需求，人们会很自然地困于低阶需求"舒适区"，从而对高阶需求失去了追求动力。

"跳蚤效应"会扼杀一个人尤其是年轻人的成长潜力，让优秀的人变得平庸。我们可以通过以下几种做法来防止需求降级以及"跳蚤效应"的危害。

（1）让学员体验高阶需求被满足的快乐

我们要创造各种机会让需求层级正在下滑的人体验到高阶需求得到满

---

① 跳蚤效应是什么意思？［EB/OL］．（2023-03-09）［2023-08-24］．http：//www.zhihu.com/question/424764245.

足后的快乐和兴奋。比如针对其在学习成长方面取得的点滴进步或些许突破，哪怕再微不足道，也要在公开场合当众表扬，邀请其分享成功经验，安排重量级人物给予其鼓励，甚至为其提供对应的荣誉。

这样做的目的，是让他们体验到尊重需求甚至自我实现需求等高阶需求得到满足后的无与伦比的快乐，从而激起他们对高阶需求的持续追求和渴望，并帮助他们快速走出舒适区。

（2）树立"横向可比"的标杆

当"跳蚤效应"产生时，人们会产生认知上的"自我设限"，对自己的学习成长、发展提升甚至未来前途失去了信心和动力。

在这个时候，"高大上"的口号式动员是无效的，我们需要做的是让一只失去信心的"跳蚤"看到另一只和自己类似的"跳蚤"居然可以跳得远比想象中高。

为产生"跳蚤效应"的人树立一个标杆，通过标杆的言行示范以及感召引领，打破其认知上的自我限制，带动其走出舒适区，这是已经被证明行之有效的解决办法。

优秀的培训管理者往往会采用"结对学习"的方式来激励因"跳蚤效应"而丧失信心动力的学员。为这类学员寻找和搭配一个"学习搭档"，让"学习搭档"扮演带动学员的标杆角色。通过"学习搭档"一对一帮助和鼓励，让他们重塑信心，走出舒适区，产生对马斯洛需求金字塔中高阶需求的渴望和追求。

（3）设置"层层递进"的挑战性项目

我们在人才培养时可以设计一些难度从低到高层层递进的挑战性项目。我们需要鼓励处于低阶需求舒适区的培养对象先尝试低难度的挑战项目，让其轻易获得成功的喜悦，提升其信心和企图心。

不少企业都有针对基层员工或管理层的"通关型"培训项目。这类项目往往有"低难度"的起点以及"难度差"较小的进阶设计，其目的就是帮助处于低阶需求舒适区的培养对象逐步走出舒适区，顺着马斯洛需求金字塔向上追求，从而打破"跳蚤效应"的自我设限。

第二节　学习欲望和参训动力的激发和提升

　　一场培训活动固然对组织者而言会带来不菲的成本支出，对学员而言也需要其付出时间和精力。

　　"不值得定律"告诉我们，学员对培训价值感的认知越强烈，其参与的兴趣和学习的欲望就越强烈。"皮格马利翁效应"表明，我们可以借助积极暗示和正向感召激起学员内在的企图心和成长动力。"成败效应"提醒我们，对于学员激励，要根据其能力状态和认知水平的差异，分别强化"成功效应"或"失败效应"。"搭便车效应"则需要我们防范课堂学习中的"搭便车现象"，这一现象的出现会让越来越多学员产生惰逸性（懒惰和安逸的心态），从而严重削弱学习小组乃至整个集体的凝聚力、创造力和积极性。有关提升学习欲望和参训动力的四个心理学定律如图 1-2 所示。

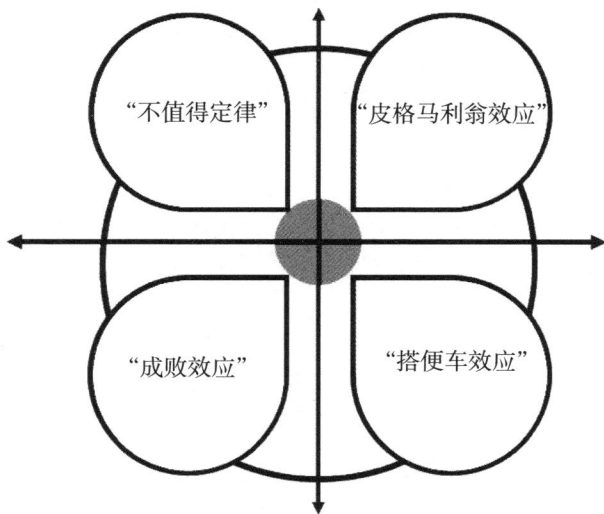

图1-2　有关提升学习欲望和参训动力的四个心理学定律

■ "不值得定律" ——提升培训价值感

在心理学中有一个"不值得定律"，这个定律的定义很简单：不值得做的事情，就不值得做好。

如果所从事的是一件自认为不值得做的事情，人们往往会敷衍了事。这样的话不仅成功率低，即便成功也不会觉得有多大的成就感，这就是"不值得定律"所反映的心理认知内容。

同样的道理，如果学员对我们所安排的培训活动产生了该活动不值得参加的想法，那他们在培训中便无法集中精神，培训自然没有好的效果。

很多人会把学员对培训价值的认知和培训课题及内容的吸引力简单画等号，认为提升学员价值感的唯一办法就是匹配最合适的课题，提供最实效的内容，让学员学以致用。

事实上，学员对培训活动的价值认知是由多个维度构成的，每次培训本质上都是一项多维度的价值塑造工程。

培训价值的核心层肯定是课题本身的吸引力和培训内容与需求的契合度。通常每次培训正式开始之前都要进行需求调研和学员访谈，其目的就是让课题和内容更匹配学员的需要，更贴近学员的工作场景，更能给学员带来实用指导和针对性解惑。

但是，学员对培训价值核心层的感知，往往是在培训开始后。甚至在渐入佳境之后学员才能逐步判断培训是否有价值。如果学员在参加培训之前就对该次培训产生强烈的"不值得"心理，带着"浪费时间"的心态前来，那他们在培训过程中所表现出的不积极、不主动、不参与、不认同等学习状态会极大削弱其对培训价值"核心层"的正确认知和客观判断。甚至有些人在培训活动开展之初就盲目且感性地做出此次培训"不好""不适合""不怎么样"等负面评价。

为了预防上述问题发生，我们需要精心设计和塑造培训价值的中间层。以礼物来比喻，如果把礼物本身的价值比作核心层，那礼物外包装是否精美高端就是中间层。为了升级培训价值的中间层，我们需要为学员提供更多参加培训可获得的附加收获和配套利益。

优胜小组和杰出个人的荣誉、精美的结业证书或奖杯奖牌、培训结业获得的工作考评加分、培训讲师作为作者的签名书籍、完成培训对员工晋升的助力、优秀学员的专访和媒体宣传、高层领导的出席致辞、完成培训后获得更高阶培训机会等，这些都是培训价值中间层的表现形式。虽然培训价值中间层未必与培训主题和内容直接关联，但它能对学员个人能力成长和职业生涯发展提供助力。

除此之外，我们可以利用培训价值外围层来吸引学员，激发其学习欲望和动力。为学员提供耳目一新的培训环境，为学员提供别具一格的午餐晚餐，为参训学员提供纪念品，为考试成绩优异的学员提供额外假期等，这些做法能降低学员对参加培训的习惯性抵触，提升其兴趣度和收获感。

当然，在设计和准备培训价值外围层时，要尽量避免其与培训目标产生"对冲"，否则可能本末倒置。比如培训场地和培训期间餐饮，不求如何"好"、如何"奢华"，而力求做到"新颖"，做到与以往"不一样"。另外，我们要尽可能把培训主题中的相关内容，巧妙嵌入培训价值外围层。比如在安排和培训课程相配套的团建活动时，将前者的相关案例与后者的相关体验进行连接。

同一场地的演唱会，不同的明星出场带来的号召力和上座率是完全不同的。同理，在组织培训时我们经常发现，如果邀请的培训讲师有一定知名度，或培训课程本身就是一门知晓度高的品牌课程，那内部报名就会比较踊跃，学员的出勤率就会比较高，这反映的其实就是培训价值的光环层。培训讲师本人一旦有卖点，培训作品一旦有声望，加上畅销书籍、奖项荣誉、媒体报道、背景身份等光环的助力，这类培训活动前期的宣传推广就会比较有吸引力，学员的参训动力和学习意愿就会比较足。

培训价值的四个层级如图 1-3 与表 1-1 所示。培训价值核心层、中间层、外围层以及光环层综合构成了学员对培训活动完整的价值认知体系。针对性提升四个层次的价值认知能帮助我们降低甚至消除"不值得定律"对培训活动的消极影响。

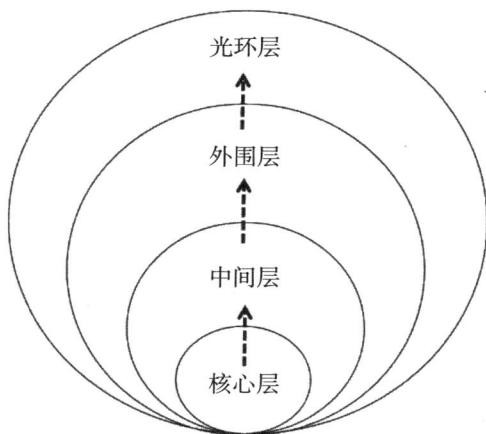

图 1-3　培训价值的四个层级

表 1-1　　　　　　　　　　培训价值的四个层级

价值层级	具体说明
核心层	□培训课题的匹配性和内容的实用性
中间层	□培训活动的衍生利益，即是否有利于学员职业生涯发展
外围层	□培训组织上提供的配套好处，如能给学员带来快乐
光环层	□培训导师和培训课程本身的声誉、品牌等卖点

"不值得定律"让我们认识到提升学员对培训的价值认知是如此重要，而"皮格马利翁效应"则让我们关注如何激发学员内在的企图心和上进心。

■ "皮格马利翁效应"——撬动成长之心

"皮格马利翁效应"又称"罗森塔尔效应"，是一个教育心理学的著名效应，指的是教师对学生的殷切期望能戏剧性地收到预期的效果。

此效应由美国著名心理学家罗森塔尔和贾可布森在小学教学上予以验证提出。他们来到一所小学，随意从每班抽取 3 名学生总共 18 人写在一张表格上，极为认真地告诉校长和老师名单上所列的学生被鉴定为"高潜人才"。

事实上，这份学生名单是随意拟定的，根本没有依据任何智力测验的结果。但几个月后再次进行评估时出现了奇迹：凡被列入此名单的学生，不但成绩提高快，而且性格开朗，求知欲望强烈，与教师的感情也特别深厚。这18人成年之后，全都在不同的岗位上干出了非凡的成绩。[①]

罗森塔尔和贾可布森借用希腊神话中一位王子的名字，总结出"皮格马利翁效应"。传说皮格马利翁爱上了一座少女塑像，在他热诚的期望下，塑像变成活人，并与之结为夫妻。那为什么会出现这种奇迹呢？由于罗森塔尔和贾可布森都是著名的教育心理学家，教师们对他们提供的名单深信不疑。他们在教育过程中就会产生一种积极的情感，对名单上的学生给予厚爱。教师们掩饰不住的深情在教学过程中通过语言、眼神等表现出来。在这种深情厚爱的滋润下，名单上的学生会产生自尊、自爱、自信、自强的心理。而在这种心理的推动下，他们有了显著的进步。

在培训活动中，我们需要积极运用"皮格马利翁效应"来激发学员的学习兴趣和企图心。赋予某次培训活动更让学员产生自尊感和自信心的主题，便是"皮格马利翁效应"的有效实践之一。在安排和组织一次培训活动时，我们要学会在培训课题的基础之上，设定该培训活动的主题。培训活动的主题和课题不是同一个概念。

1. 培训主题的定位感召

一般而言，培训的课题即该次培训的课程名称，所反映的是培训的基本内容定位，比如双赢沟通、柔性谈判、情绪压力管理等。学员从课题名称中可以立刻识别出培训的大致内容，通常培训的课题主要是讲师确定的。

而培训的主题则是组织者为该次培训活动特别设计的定位和属性，例如高潜员工进阶培训营、储备干部加速成长营、绩优销售巅峰突破训练营、核心高管领袖班等，学员从主题中可以识别出自己某种与众不同的身份并体验到所在组织对自己的期望和认可。

---

①　心理学趣效应：皮格马利翁效应［EB/OL］.（2019-02-23）［2023-08-24］. https：//zhuanlan. zhihu. com/p/57495036.

一旦学员对能有资格参与某个主题的培训活动感到自豪，那其学习的欲望和动力就会大幅度上升。

需要指出的是，不管受训学员实际的表现如何、真实的能力水平怎样，我们一定要充分运用"皮格马利翁效应"，尽可能为其配套"更高自我认可"的身份和"更值得自豪与珍惜"的培训主题。

除培训主题的定位感召之外，"皮格马利翁效应"更需要我们把对学员的积极鼓励暗示，嵌入培训过程的各个环节。

2. 培训现场的积极暗示

我们需要学员的上级领导提前为他们加油打气，表达殷切期望和积极肯定。上级领导对培训的支持认可，可转化为学员参与培训时的欲望和动力。

另外，邀请重量级人物为培训活动进行开训动员，现场发表鼓舞性的演说和开场致辞，这也是"皮格马利翁效应"应用的一种形式。

"皮格马利翁效应"对于讲师而言更有借鉴意义和指导价值。在培训过程中，讲师需要不断对学员的良好表现进行肯定和赞美。哪怕是再微不足道的进步和亮点，也要及时给予积极反馈和鼓励。

在培训活动开场时或其他恰当的时段，优秀的讲师会安排设置学员之间互相找优点、彼此赞美的环节。

以上种种做法，无一例外都能让学员感到自己"很优秀""很有前途""特别出色"，从而自发产生"出色的人理应有强烈的学习欲望""优秀的自己怎么能不好好学呢?""自己一定要通过学习变得更优秀"等自我暗示。至于"皮格马利翁效应"更多的实践应用，第四章第二节"标签效应"的相关内容可以作为补充。

"皮格马利翁效应"对学习成长的促进作用主要来自精神层面，而"成败效应"则提醒我们要根据学员的能力水平来设置对应的学习难度。

■ "成败效应"——实现激励双向性

心理学家格维尔茨在某次学习实验中发现了一个重要的心理学定律"成败效应"。通过让学生们自由、选择性学习难度不等的教材并解决问题，格维尔茨得到两个截然不同的发现。

一方面，那些能力较强的学生，在解决了某一类问题之后，就不愿意再去解决相似的问题。他们会挑选更为复杂的、难度更高的问题，以此去探索新的解决方法，这样他们的学习兴趣会更浓。这一发现表明学生不仅会对容易获得的成功感到愉悦，而且会对通过自己的努力克服困难而达到的成功感到更加兴奋和满足，这就是所谓的"成功效应"。

另一方面，那些能力较差的学生经过极大的努力还不能成功解决问题。在失败次数累积过多之后，他们往往就会感到失望灰心，甚至会厌恶学习，这就是"失败效应"。

1. "成败效应"和"最近发展区"理论

教育家维果茨基在认知发展的研究中，提出了"最近发展区"这一理论。他发现人的认知发展一般处于两种水平：一种是已经达到的发展水平，另一种是可能达到的发展水平。这两种水平之间的距离就是"最近发展区"，而识别和把握"最近发展区"就能加速提升人们的学习水平。

维果茨基的研究成果表明，如果我们在学习过程中只停留在已达到的发展水平，就会阻碍自己认知的进一步发展。因此我们在学习中可以时常找些对自己来说有点难度的内容，从而调动自己的挑战兴趣，挖掘自己的潜能，不断缩小"最近发展区"并无限接近可能达到的发展水平。这也就不难解释为什么能力较强的学生解决一个问题后会去挑战更难的问题并从中获取更大的满足感。从已经达到的发展水平进阶到可能达到的发展水平，本质上就是一个从已知到未知再到已知的持续学习发展过程。

"成败效应"告诫我们：千万不能不切实际地拔苗助长。如果我们不依据学员的现有水平，不切实际地给他们加压，或许他们会被持续失败打击得萎靡不振，最终以"自己笨"为理由，自甘消沉。

正因如此，在设计和确定培训活动的教学难度时，我们一定要准确评估学员的"最近发展区"，即学员对所学课程已经达到的认知水平和可能达到的认知水平。

2. 界定学员的培训期望值

大多数培训前的需求调研都是通过了解学员的现状来分析培训需求，

而非通过识别学员的认知水平来分析培训期望值。培训需求反映的是学员要学什么，培训期望值反映的是学员要学到什么程度。

培训需求调研是"画了一个圈"，即圈定培训的内容范围。而培训期望值分析则是"画了一根线"，即界定了培训的难度。

近些年越来越多企业的培训管理者把测评工具引入培训前的调研，其目的就是通过更加隐蔽的测评找出学员的"最近发展区"，以清晰界定那根"难度线"。

根据培训期望值界定的结果，我们要尽可能安排认知水平和能力状态相似的学员同班学习，并尽量避免认知水平和能力状态差异较大的学员在培训课堂中同班学习。

3. "成功效应" vs "失败效应"

在学员培训期望值界定的基础之上，我们更要通过区分不同学员群体认知水平和能力状态的差异，来决定到底是借鉴"成功效应"还是借鉴"失败效应"。

对于认知水平和能力状态较好的学员群体，我们需要尽可能借鉴"成功效应"，提升培训过程中内容的复杂度和挑战性，给他们设置难题，让他们通过解决难题挑战自我来获得愉悦感和兴奋感。这类学员群体对于简单重复没有难度的培训内容，会很快兴趣索然，甚至感到失望。

对于认知水平和能力状态较差的学员，我们要逐步降低内容的复杂性和学习的难度，以避免他们产生挫折感、被打击得萎靡不振。通过降低学习难度，让这类学员恢复信心、产生动力、获得希望，这就是"失败效应"给我们的启发。

如果在同一个培训课堂中难以避免地存在学员之间认知水平和能力状态差异明显的情况，我们就需要提前针对提问、讨论和情景挑战等关键环节准备 AB 选项。对那些认知水平和能力状态较好的小组或个人，我们需要针对性为其提供 A 选项，即难度较高挑战较大的课堂问题、作业；反之，对于那些认知水平和能力状态较差的小组或个人，我们则需要针对性为其提供 B 选项，即难度较低挑战较小的课堂问题、作业。

"成败效应"为我们指引了学员激励的不同导向，而"搭便车效应"

则为我们揭示了部分学员不愿意积极参与群体学习等小组活动的原因。

■ "搭便车效应"——防范学员惰逸性

在利益群体内，成员为了整体利益做出努力和付出辛劳，如果所有人都能得益，但成本由某个人承担，这会出现心理学中的"搭便车效应"。由于"搭便车效应"的存在，其他成员在不努力付出的前提下依然可以共享集体的好处，这就会强化这些成员的惰逸性（懒惰和安逸的心态）。

在培训过程中，同一学习小组的成员之间客观上存在共同的利益，但容易形成"搭便车"的心理预期。有些学员参与小组活动时缺乏主动性或干脆袖手旁观，但一样能共享小组的成果以及小组可能得到的奖励。还有些学员表面上参与了小组活动，实际上却不动脑筋，毫无贡献。他们总是鼓动其他人承担小组任务，自己则坐享其成。

"搭便车效应"对学习积极性的危害非常大。在合作学习的过程中，如果我们过度强调"合作规则"而忽视小组成员的个人需求，可能会使得每个人都希望由别人承担风险而自己乐享成果。这不仅会抑制小组成员为小组利益努力付出的动力，也会让被"搭便车"的学员感到不公平。不仅如此，"搭便车效应"会严重削弱整个学习小组的创新能力、凝聚力、积极性等。

为了防范培训过程中"搭便车效应"的负面影响，我们需要在以下三个方面采取行动。

1. 缩小学习小组规模

心理学研究表明，学习小组的规模越小，由于每个小组成员的努力对整个小组都有较大影响，个人努力与分享整体利益的不对称性越小，"搭便车效应"的负面影响越弱。不仅如此，缩小学习小组规模还有一个作用是削弱"集体惰化"现象，取得较高的合作效率和共创成果。

一般而言，我们建议培训课堂中每个学习小组的人数不要超过6人。通常而言，学习小组的规模一旦超过8人，"搭便车效应"就会明显出现。

不少企业的培训负责人普遍反映"线上培训"的效果不尽如人意，其背后除了缺乏互动和现场氛围不足等原因外，还有一个不可忽视的问题就是参与学习的人群规模过大，"搭便车效应"极其明显。

2. 奖罚落点到小组以及个人

在培训结束时评选出本场培训的优胜小组并给予对应的奖励，这是很多讲师或培训组织者的普遍操作。但是，如果所有的奖励或处罚仅仅"落点"到小组，那部分学员产生浑水摸鱼、滥竽充数的表现也就不足为奇了。

为了防止"搭便车效应"的产生，培训活动的奖与罚应该推行"双轨制"，即既有针对小组的奖罚也有针对个人的奖罚。

除此之外，有些优秀的讲师在评选优胜小组时，会同时参考两个重要的评价指标。一个指标就是学习小组在培训活动中获得的总积分，这就好似篮球比赛时某个球队的本场总得分一样。另一个指标则是小组得分的分散度，也就是小组的总积分是由极少数成员获得的还是绝大多数成员都是积极贡献者，这就类似篮球比赛中球队内每个球员的得分占比。

把第二个指标纳入评选优胜小组的重要考评，其目的就是让小组成员都能积极参与，都愿意努力为小组做出贡献，有效防止"搭便车效应"。

3. 设置"我为小组做贡献"分享时刻

在培训开展的过程中，为了提醒现场学员不要"袖手旁观"，不要游离于小组活动之外，我们可以见缝插针地随机邀请个别学员分享自己为所在小组做了哪些事情，如做出了哪些贡献以及提供了哪些支持。

这样的分享不仅对分享者本人而言是一种激励，对其他希望"搭便车"的学员而言更是一种提醒甚至督促。

那些为所在小组做出贡献的学员，他们的分享是一种正向引导。那些在小组活动中毫无建树冷眼旁观的学员，也会因为这种"随机分享机制"而"被迫"积极行动起来，以避免可能的尴尬。

当然，防范"搭便车效应"出现的做法还有不少，但不管如何变化，其基本原理都是避免学员个人贡献与小组利益共享之间的失衡。

第三节　培训中不同阶段的学习兴趣驱动

　　任何一场培训活动都是有始有终、层层推进的完整过程，从预热到开场，从开场到半程，从半程到渐入佳境。在培训中不同的阶段，我们都需要想办法去激发和提升学员的学习兴趣，并且，针对培训中不同阶段和环节的学员激励，应借鉴不同的心理学定律。

　　在培训活动开始之前我们需要充分借鉴"等待效应"，在培训活动开场阶段我们要特别关注"阿伦森效应"，在培训活动开展阶段中我们要加倍防范"半途效应"，而在培训活动渐入佳境时我们则需要遵守"奥卡姆剃刀定律"。

　　培训中不同阶段关于学习激励的心理学定律如图1-4所示。

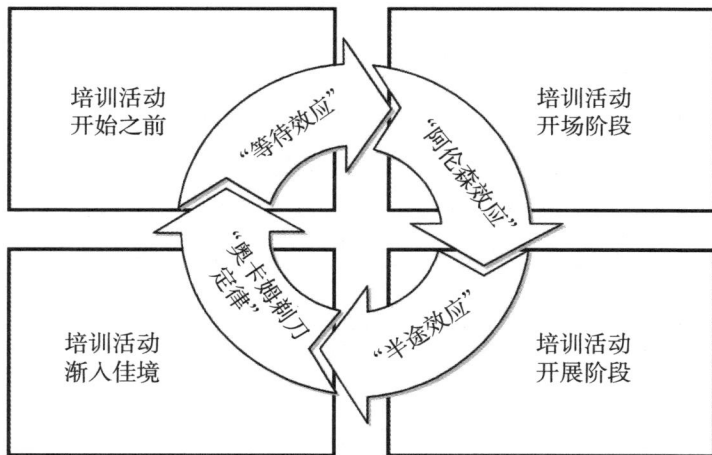

图1-4　培训中不同阶段关于学习激励的心理学定律

■ "等待效应"——重视培训预热

在心理学中，"等待效应"指的是由于人们对某事的等待而产生态度、行为等方面的变化。

例如在学校教育中，优秀教师常常利用这种效应，使学生产生对新课文或新学单元的期待心理，以促进他们自学。这不仅有助于前后单元内容的连续，更能使学生的学习兴趣、学习态度和学习行为发生积极的变化。

一部电影是否有足够的吸引力和上座率，和上映前的宣传推广大有关联。同样，一次培训活动开始前的预热宣传也非常关键，哪怕是企业内部的培训，预热宣传也不可或缺。

优秀的培训组织者深谙"等待效应"对于激发学习兴趣的重要作用。他们既不会简单地只给学员发一份包含培训主题和地点的通知，也不会只给学员提供一份内容不明确的课程纲要，而是会精心设计和准备推广素材，用心选择推广媒介。

1. 宣传海报

一张图文并茂并带有吸引人的广告语的宣传海报是必不可少的，有些培训组织者还会精心制作便于学员了解培训内容和导师背景的宣传视频。培训课程中的某些金句或经典模型工具也会被"犹抱琵琶半遮面"地提前展示出来，过往学员的认可也是宣传文案中的重要组成部分。

2. 需求调研

有些经验丰富的培训组织者会借助培训前的学员需求调研来宣传推广培训活动。发送给学员要求其完成的需求调研问卷中，会不经意地展示出培训课程的某些亮点和往期学习收获，让参与调研的学员自然而然地产生出特别想去聆听、学习的欲望。

3. 课前作业

给学员提前发放预习资料和布置课前作业，也是运用"等待效应"提升学习兴趣的做法之一。有些讲师会设计极富悬念的故事，以及竞答等，在正式培训前发给学员让其思考、猜测，以激发他们的好奇心和探求欲。

4. 倒计时提醒

优秀的培训组织者会进行培训日期倒计时提醒，比如在培训举办日的前一个月、前一周、前一天等关键节点设置倒计时提醒。

5. 群互动

特别用心的组织者会提前建好培训的学员微信群，在群里进行培训前的预热。有些培训微信群还会通过直播的方式邀请讲师和学员进行简短寒暄问候、破冰暖场。

如果我们能积极制造和充分利用"等待效应"，那些原本对培训活动兴趣冷淡、态度冷漠的学员，同样可以被激发出参与的好奇心和学习的欲望。

■ "阿伦森效应"——管控学员预期

埃利奥特·阿伦森是当代杰出的社会心理学家之一，他的主要研究领域有社会影响、态度改变、认知失调以及人际吸引等。

阿伦森曾经做过一个有趣的实验。他把志愿者们分成四组，每个小组对同一个人进行评价，最终观察这个人对哪一组最具好感。

第一个小组始终对这个人褒扬，第二个小组始终对其贬损，第三个小组对这个人先褒后贬，而第四个小组则对其先贬后褒。

在对多个参与实验的被评价者进行意见汇总的基础上，阿伦森得出了他的结论：大部分人都对第四组最具好感，而对第三组最反感。①

简单来说，"阿伦森效应"指的是随着奖励减少而态度逐渐消极，随着奖励增加而态度逐渐积极。这一效应表明人们在已经得到高回报的前提下如果再一次得到低回报，会产生负面心态。

很多培训活动都特别注重营造吸引人的开场。不少讲师喜欢在开场时对自己进行宣扬，对此次培训的收获进行拔高，目的是让学员快速进入状态，以迅速提升其兴趣。

---

① 心理学应用"阿伦森效应"［EB/OL］.（2022-09-23）［2023-08-24］. https：//zhuan-lan. zhihu. com/p/567495668.

然而一个不容忽视的事实是，如果培训开场阶段学员的期望值被"吊"得过高，而后面培训的内容又越来越平淡乏味，"阿伦森效应"的负面影响就会产生。学员们会觉得和刚开始的极高期望相比，越到后面收获越少，越到后面失望越大。进而，学员的学习欲望会不断降低，学习动力会不断减退，这些负面影响甚至不可逆。借鉴"阿伦森效应"，培训师或组织者可从以下方面入手。

1. 培训开场管控学员的预期

优秀的讲师几乎都懂得管控学员的预期，他们的开场往往比较低调、朴实、简明，他们甚至故意通过"自嘲""自贬"等方式降低学员的期望。他们更希望把精彩的内容安排在后面逐步抛出，以制造"先抑后扬"的效果。当学员们发现越到后面课程越精彩、越有惊喜、收获越大，他们的学习热情就会越来越高，"阿伦森效应"的正面影响就会产生。

当然有实力的讲师和特别优质的课程也可以在开场时"先声夺人"，但在培训活动中后期必须要有更好的布局和安排。如果培训开始前的宣传预热极大提升了学员的预期，培训组织者和讲师反而更有必要在培训开场时主动降低其期望值。

收获需要递增，不满需要递减，这是"阿伦森效应"带给我们的启示。根据这一启示，"阿伦森效应"还有一种特殊的用法，那就是通过奖励的减少来遏制某些我们希望减少的现象。

2. 通过减少奖励抑制过度行为

在家属楼的后面，停放着一部烂汽车，家属院里的孩子们每晚7点便会攀上车厢蹦跳，嘭嘭之声震耳欲聋。大人们越管，孩子们蹦得越欢，大家都很无奈。这天，有一个人对孩子们说："小朋友们，今天我们比赛，蹦得最响的奖励玩具变形金刚一个。"孩子们欢呼雀跃，争相蹦跳，优胜者果然得到了对应的奖励。

第二天，这个人又来到车前说："今天继续比赛，奖品为两粒奶糖。"孩子们见奖品变小，纷纷不悦，无人卖力蹦跳，声音稀疏。

第三天，这个人又对孩子们说："今天奖品为两粒花生米。"孩子们听完后纷纷跳下汽车，都说："不蹦了，不蹦了，真没意思，回家看电视了。"①

在培训课程初期阶段，一旦识别出学员中存在影响他人的"过度行为"，我们需要进行干预纠正。和"不良行为"不同，"过度行为"指的是个别学员具有极高的学习参与度和积极性，但他们的表现对其他学员产生了负面干扰，甚至引发了其他人的抵触。

比如，有些学员什么问题都喜欢抢答，不给别人机会；有些学员爱对其他人的回答挑刺，不留情面；有些学员对讲师过分殷勤主动，引起他人的不满；有些学员答题和分享总是特别冗长，占用了大量培训时间……

如果用批评甚至处罚等方式来处理这些"过度行为"，则容易挫伤学员的积极性，引起其内心的不满。在这种情况下，"阿伦森效应"可以被我们借鉴和使用。

我们可以故意给予产生"过度行为"的学员一定的奖励，例如赠送特别的小礼物，给予一定的筹码积分，或给予口头表扬等。

但随着这类"过度行为"的增多，我们可以通过明显减少奖励的力度来抑制学员重复此类行为。例如，从原本的物品奖励弱化成口头奖励，从口头认可弱化成点头微笑等；如果是积分奖励，则第一次奖励100分，第二次奖励50分，第三次奖励20分，依次递减。

■ "半途效应"——预防半途而废

在培训活动有序开展的过程中，我们要警惕一个心理学效应的出现，它就是"半途效应"。"半途效应"是指当人们达到目标的半途时，心理因素及环境因素交互作用对其行为产生负面影响。

大量事例表明，人在达成目标的过程中其中止行为多发生在半途附近，目标完成的"中点"附近是一个极其敏感和脆弱的区域。

在培训进展过程中，导致"半途效应"的因素主要有两个。其一是培训目标和难度的合理性，培训目标越高难度越大，越容易出现"半途效

---

① 心理效应：阿伦森效应［EB/OL］．（2014-04-21）［2023-08-25］．https：//che. fzu. edu. cn/ info/1056/3058. htm.

应"。其二是学员本人的学习力水平，学习力越弱的人越容易出现"半途效应"。学员的学习力水平由其知识储备、经验累积、领悟能力，以及意志力、专注力等要素组成。为消除"半途效应"的不利影响，可采取以下方法。

1. 时间障眼法

我们可以运用时间障眼法来打破"半途效应"对学习的不利影响。时间障眼法的本质是通过对培训时长和时间节点的设置与及时调整，改变学员的厌学心理和半途而废的习惯。

以一天时长的培训为例，"半途效应"往往会在下午 1 点 30 分到 2 点 30 分之间出现，并且这个时段人极容易犯困。为了降低"半途效应"的负面影响，富有经验的讲师会把下午培训开始时间和休息时间的间隔特意缩短。比如原计划是下午 1 点 30 分开始到下午 3 点 30 分休息，整整 2 小时的培训会让"半途效应"充分"发酵"，导致学员的专注度大幅度降低。深谙时间障眼法的讲师，可能会把休息时间设定为下午 2 点 45 分甚至 2 点 30 分，并鼓励大家在短短 1 小时左右全神贯注。

时间障眼法也可以通过时间点的前移或后移来达到目的。以上午的半天培训为例，"半途效应"往往发生在 10：30 与 11：30 之间。有些组织者会特地把培训开始时间从原计划的早上 9：00 提早到 8：30。

如果参训学员的学习力水平较低，则在培训过程中需要加入多个休息节点，以缩短每个培训时段的时长。下午培训的时长一般会超过上午，因此下午需要适当增加休息次数。

时间障眼法既可以是实（真实）的，也可以是虚（精神上）的。比如我们可以通过口头预告的方式不断对学员进行倒计时提醒，如"再过 50 分钟我们就要休息了""再过 30 分钟就要休息了""10 分钟后我们就要休息了"……通过持续不断的倒计时提醒，可以消除学员心理上的疲惫感，刺激其精神上的兴奋度。

2. 内容配比法

为了消除"半途效应"的负面影响，我们可以采用内容配比法。如果把培训的内容比喻成"米"，把培训的形式比喻成"水"，那么"米"和"水"的搭配比例能影响"半途效应"。

在容易产生"半途效应"的培训时段，我们更应侧重培训的互动性、吸引力甚至娱乐性，更注重学员的体验感、兴趣度和活跃度。换句话说，"水"需要更多一些，"米"则要相对少一些。

有些好莱坞大片的片长超过 2 小时甚至 3 小时，但观众并不觉得乏味，并没有昏昏欲睡，"半途效应"也没有出现。那是因为好莱坞大片的导演深谙观众心理学，他们会在电影的中段部分安排特别精彩的"情绪引爆点"，以紧张刺激的画面、不断反转的情节以及动感的音乐紧扣观众的心弦。其实这也是一种在容易出现"半途效应"的时间段尽量采用"多放水，少放米"搭配原则的体现。

同理，通过视频播放、角色扮演、答题竞赛、幽默故事、现场考试等各种形式，我们也可以加大"放水量"以提升学员的兴趣度和注意力，从而降低甚至消除"半途效应"的不利影响。

■ "奥卡姆剃刀定律"——做减法而非加法

学员们在聚精会神聆听、热火朝天讨论、极其认真做笔记，就意味着培训现场渐入佳境，学员的学习动力和兴趣高涨。在这个时候我们千万不能忽视一个重要的心理学定律——"奥卡姆剃刀定律"。

"奥卡姆剃刀定律"是由逻辑学家奥卡姆提出的。这一定律简单来说就是保持事情的简单性，抓住根本，化繁为简，减少不必要的细枝末节，这样才能有效地将事情处理好。

根据这一定律，在培训渐入佳境且学员已经产生较高学习兴趣时，我们不应增加没有必要的外在刺激或做出形式大于实质的调整，如果做了效果往往不佳。

如果我们发现培训现场学习氛围渐浓，学员的专注度很高，学习动力很强，那就要尽量把教学方式变得简单，尽可能以课程本身的精彩内容来吸引学员、带动学员。

如果上述状况下讲师突然停止当前内容讲解，切换到做一个无关紧要的教学互动，或玩一个不痛不痒的培训游戏，或讲一个让人捧腹大笑的段子，或播放一段搞笑幽默的暖场视频，甚至提前让学员享受茶歇时刻，只会让学员从当前的专注和兴趣中"跳出来"，让已经上了高速公路的学习兴趣之车停下。

"奥卡姆剃刀定律"要求我们在培训节奏步入正轨且学员学习状态高涨时，尽可能做减法而不是加法。

1. 减少与课程内容无关的互动

在培训活动渐入佳境时，与培训内容无关的各种互动要尽量减少或者推迟。这些互动，表面上似乎有助于提升培训的现场氛围和学员的学习兴趣，实际上它们会让学员的关注点偏离培训主题。

一旦学员的兴趣被带到远离所学内容的方向，这种表面上学员增加的兴趣其实是"虚假兴趣"或"干扰兴趣"。

2. 减少干扰学习专注度的教学方式

在培训活动渐入佳境时，"奥卡姆剃刀定律"建议我们把教学方式"返璞归真"，真正依靠精彩的课程内容与讲师出彩的讲解表达来吸引学员的学习兴趣。在这个时候，我们所用的教学方式越简单、越朴实，学员学习兴趣的含金量就越高，因为这种学习兴趣完全是靠课程内容和讲师演绎的吸引力激发的。

3. 减少不必要的调整

在培训活动渐入佳境时，我们没有必要"画蛇添足"，尝试改变现状。有些讲师喜欢见好就"调"，一看到学员们如此热情和投入，他们就会思考是否要让大家休息一下、是否要增加某个游戏以再度提升大家的状态、是否要让部分学员发表他们的感悟……另有些讲师会选择加大"刺激"的力度，例如改变各组的积分规则、改变奖励或者处罚的力度、安排毫无必要的竞赛，甚至播放慷慨激昂的背景音乐等，但这样的调整很有可能会对已经起效的培训节奏产生干扰，需要尽量避免。

第二章

教学互动与参与度提升

第一节　多感官互动教学法

　　培训过程中教学互动的有效性直接影响内容的渗透度和学员的参与度。教学互动的效果不取决于互动程度的"大"或"小"，也不取决于互动次数的"多"或"少"。教学互动对于学员参与度的调动，其背后有基于心理学的底层逻辑，而"感官协同定律"就是这一关键的"底层逻辑"。

■ "感官协同定律" ①——让学员动起来

　　在教育心理学中，"感官协同定律"是一个值得所有教育工作者或培训专业人士关注和借鉴的重要定律。这一定律告诉我们：学员在学习时使用的感官越多，感官的协同性越强，他们的学习体验感就越佳，学习参与度就越高，理解和记忆的效果就越好。为了更好阐述这一定律，让我们先从刘教授的教学困惑和他女儿给的建议中寻求一些有益的启发。

　　刘教授是一位极其认真负责的大学老师，他不仅学术功底深厚，而且治学非常严谨。对刘教授而言，把毕生所长倾囊相授并培养出堪当社会栋梁的好学生，是自己一辈子的追求。

　　然而今年所带的这批年轻学生让刘教授感到迷茫。即便自己再用心备课，再费心讲解，这批学生所表现出的学习积极性和专注度实在不高。刘教授觉得自己在讲台上竭尽全力讲授就好像是无人问津的独角戏。

　　难道是自己的授课内容准备得还不够充分？难道是自己的讲解表达还不够清晰？难道还有其他不为自己所知的原因？

　　刘教授带着这些疑惑心事重重地回到了家。他的宝贝女儿甜甜似乎看出爸爸情绪有些低落，但她并没有深问。甜甜告诉刘教授，晚上原计划要和好闺密一起去看巨星演唱会，但这个闺密临时有事没法去了，因此希望刘教授能陪自己一起去。在甜甜的恳求之下，刘教授生平第一次踏进了大型演唱会的现场。

由于路上堵车，他们入场时演唱会已经开始了。巨星正在舞台上激情四溢地演唱成名曲。刘教授环顾四周，现场人山人海，气氛极其热烈。巨星边唱边舞边和观众互动，观众或手舞荧光棒，或拍手鼓掌，或齐声跟唱，或喝彩叫好，或起身做人浪……刘教授发现在场的每个人都神采飞扬，享受其中，尽兴开怀。

在返程的路上，甜甜问刘教授第一次观看演唱会的感觉怎么样。刘教授感慨地说如果自己的学生对学习有那么高的热情和参与度那该多好啊。

甜甜笑着告诉刘教授："其实演唱会现场的氛围营造和观众互动都是提前精心设计好的。观众身临其境参与投入，展示的是演唱会歌手以及幕后团队极强的带动能力。观众的每一次挥手、每一次鼓掌、每一次跟唱、每一次惊叹，都是预先设定和精心安排的结果。"

甜甜的这番话给了刘教授很大触动：演唱会要想氛围好，就得让现场观众动起来，课堂的高参与度同样需要让学生动起来。刘教授激动地对甜甜说："你带我参加这次演唱会可以说是歪打正着，正好解决了我在教学中的一些困惑。我们一直说上课要生动，今天我终于明白所谓生动，就是要让学生动起来。"

在现实生活中，像刘教授这样的教育工作者比比皆是。他们都是自己所在领域的专业人士，都有着丰富的专业知识和经验阅历。但是他们不善于营造课堂的热烈氛围，不善于提升学生的参与度，不善于提升教学过程中的体验感和互动性。

就举办演唱会而言，那些"现场感"特别强的歌手，哪怕唱功未必最佳，也善于调动观众多重感官的参与体验。由于听觉、视觉、触觉等被全方位刺激带动，观众的参与度极高，代入感很强，全身心融入其中。

科学研究发现，人们从"听觉"获得的知识，能够记住15%，从"视觉"获得的知识，能够记住25%。但如果把"听觉"和"视觉"结合起来，获得的知识就能记住65%。① 这就表明在学习的过程中，学生调动的

---

① 感官协同效应：多使用感官，学得会更好［EB/OL］.（2009-05-12）［2023-08-25］. https：//blog. sina. com. cn/s/blog_60e657160100qfpn. html.

感官越多，学习记忆效果就越好。而刘教授参加演唱会后所感悟到的"生动"，其实指的就是尽可能多地把学生的感官调动起来，实现学习过程中多感官协同，这就是"感官协同定律"带给我们的一大启发。

为什么很多精心准备的培训内容在呈现时却极其枯燥乏味？为什么不少富有经验的专业人士在授课讲解时却让人昏昏欲睡？为什么"有学习价值"和"被学员喜欢"在很多时候并非完全一致？这些现象背后的核心原因其实就是学员的感官参与度决定了他们学习时的体验感、融入感、参与感和兴奋感。

■ "感官协同定律"②——生动化教学"6动组合"

教学过程是否生动，与教学内容是否优质同样重要，甚至有时候更加重要。我们可以把生动化教学中的"生动"两字，分别定义为"学生"和"动起来"。换一种通俗易懂的说法，所谓"生动"究其本质就是想办法让学生动起来。

基于学员在学习过程中接收与处理信息使用到的感官功能以及大脑思维，我们可以在教学过程中通过6种不同的方式让他们动起来，这6种方式分别是动嘴、动手、动眼、动耳、动身以及动脑，它们也被合称为生动化教学"6动组合"（见图2-1）。

1. 动嘴——让学员的嘴巴动起来

在培训过程中，如果讲师一直保持"我讲你听"的单一模式，学员的注意力很难高度集中，学习的兴奋度会快速下降。因此，优秀的培训讲师特别注重动嘴式的互动，即把学员的嘴巴调动起来。

他们会让学员"复述"或者"朗读"自己刚才讲过的关键内容，他们会把话只说一半让学员去接话。他们会不断穿插提问让学员回答，并且他们提的问题极其简单，其目的就是让学员开口动嘴。他们会制造竞赛式的抢答，他们会用"是不是""对不对""好不好"等方式让学员用嘴进行确认，他们会让某些学员当评委去点评其他人的回答……

复述法、朗读法、接话法、提问法、抢答法、确认法、点评法等，都是教学过程中让学员动嘴的常用手法。当然有关动嘴的教学手法还不止这

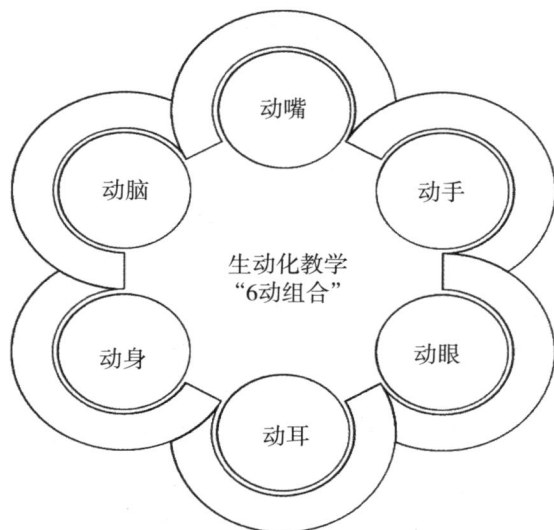

图 2-1　生动化教学"6 动组合"

些，但万变不离其宗，总而言之，要让学员开口说话。

2. 动手——让学员的双手动起来

"手"是人体重要的触觉感官，也是决定学习体验感的关键组成部分。如果我们不能调动学员的双手参与学习过程，那他们的双手就有可能被用在玩手机、转笔等游离于学习之外的事项上。

优秀的培训讲师同样很注重动手式的互动，即把学员的双手调动起来参与学习。

他们会把核心教学内容用某种特定的手势或手操呈现出来，并让学员现场模仿这类手势或手操。他们会让学员不断举手，如举手回答、举手确认、举手点名、举手示意、举手通过等。他们会主动要掌声，让学员通过鼓掌对某些特定的人或事表达他们的认同支持。他们会让学员在书本或讲义上动笔写下关键句或圈出重要内容。他们会提醒学员拿出手机对黑板（白板）或投影屏（电子屏）上的关键内容进行拍照，他们更会不断与表现优秀的学员握手甚至击掌以示鼓励。

手势、举手、鼓掌、动笔、拍照、握手、击掌……这些做法无一例外都是为了让学员的双手动起来，以提升他们学习时的体验感和参与度。

3. 动眼——让学员的眼睛动起来

眼睛是接收学习信息极其重要的视觉器官，但人们对于一成不变的事物和环境容易产生视觉疲劳。因此不断刺激和调动视觉感官的参与对于教学互动而言极其关键，优秀的培训讲师在这方面尤为重视和擅长。

他们的 PPT 或板书总是简明清晰、图文并茂、主次分明，给人以视觉上的愉悦感。他们会对某些关键细节用字体字号颜色差异进行突出，以吸引学员关注。他们在播放 PPT 时总会运用各种动画调动学员的视觉器官，他们更会使用各种图片或小视频来替代枯燥的文字进行呈现。有些讲师还会借助思维导图这一工具进行教学要点和关键内容的归纳总结，因为思维导图的呈现形式更符合学员的视觉偏好。

不仅如此，互动能力强的讲师会时不时提醒学员看屏幕、看资料、看示范、看细节，这种提醒其实就是不断干预和引导学员的视觉感官以使之参与学习过程。他们会制作让人眼前一亮的教具来配合自己的讲解和呈现。另外，他们会通过邀请学员登台展示或角色扮演等方式来吸引全场的注意力。

图文并茂、文字突出、动画演示、思维导图、提醒观看、道具展示、登台展示、角色扮演……在这些常用方法的基础上我们也可以创新出更多的动眼式教学互动方法。

4. 动耳——让学员的耳朵动起来

耳朵是传统教学中最主要的信息接收器官。遗憾的是，不少讲师对学员听觉感官实施的是"习惯式填充"而非"吸引式刺激"。他们习惯于用灌输的方式而非用吸引的方式去调动学员的听觉感官。

我们发现，许多受人欢迎的讲师都是"悦人双耳"的高手。他们在讲课过程中会改变说话的节奏，尤其是讲到关键部分时会刻意把语速放慢，这种节奏的变化会刺激学员双耳，让学员重视。他们也会制造声调的高低起伏，时不时地把声调提高或者降低，或激情洋溢或细语低沉。如果现场喧嚣，他们在讲解过程中会突然停顿、一语不发，这样反而能让学员的"耳朵"感到异常，让学员安静下来倾听。对于特别重要的学习内容，他们会预先提醒学员"接下来的内容请大家竖起耳朵，务必认真听"。

他们善于在教学过程的不同阶段搭配不同的背景音乐，比如庄严的开场音乐、舒缓的现场讨论音乐、贴切的讲授伴奏音乐、轻松的课间休息音乐、欢快的结束音乐等。

除此之外，他们会自备一些能刺激学员听觉的小道具，如口哨、铃铛、小鼓等。通过讲师吹口哨、摇铃铛、敲小鼓等方式，学员会在关键时刻被提醒、刺激和吸引。

不仅如此，有些讲师善于把教学内容要点编成歌词，用大家耳熟能详的曲调唱出来。

快慢变化、抑扬顿挫、制造停顿、提醒倾听、背景音乐、听觉道具、教学歌曲……实际上在教学过程中让学员耳朵动起来的方式还不止这些，但无一例外都聚焦于对学员听觉的刺激和吸引。

5. 动身——让学员的身体动起来

在培训的课堂现场，一旦学员在某个固定的位置持续坐着听讲，时间一长，他们就可能进入生理和心理上的疲惫麻木状态。

有一种说法叫移步换景，换一个位置和角度，人们看到的景色和得到的体验会完全不同。在课堂教学的过程中，移步换景的原理同样适用。

优秀的讲师非常善于通过"移步"即调整学员的身体位置来实现"换景"，即提升学习的新鲜感和体验感。

每当意识到学员进入学习疲惫状态时，他们就会通过轮换和调整座位来缓解学员的疲劳，提升学员的活力。他们永远不会把自己的位置定格在讲台边，而是会四处走动，并且时不时走进学员当中，以拉近自己身体与学员身体之间的相对距离。他们会每隔一段时间让学员通过全体起立的方式来释放困意，也会在教学过程中穿插一些让学员活动身体的小游戏。

他们会时不时邀请部分学员上台答题和做示范。他们更会把学员分成一个个小组，在小组讨论时要求同组学员拉近距离以进行面对面交流讨论。

调整座位、四处走动、全体起立、伸展游戏、上台答题、小组交流……这些让学员身体动起来的方式在教学领域很好地诠释了什么叫移步换景。

6. 动脑——让学员的大脑动起来

卓越的讲师都是"调动学员大脑"方面的高手。他们总喜欢把"陈述型"的表达转换成"设问型"的表达，即先自问再自答，这样做的目的是充分吸引学员的好奇感和关注度。他们在教学内容的讲解过程中经常会设置悬念，或者"卖关子"，这是为了勾起学员的求知欲。

他们会提前为某些即将要讲述的关键内容"做广告"，预先告知学员这些内容的重要性和学习价值，让学员的大脑提前进入"预热"和"兴奋"状态。他们会用"如果遇到这种情况你会怎么做？""如果条件变了你会怎么应对？""换成你的话会不会有不同的处理方式？"等询问来激发学员大脑的联想。他们甚至会在教学过程中特意设置"冥想时刻"来鼓励学员在安静的氛围中开动脑筋就某些话题进行深度思考。他们经常会让学员对之前学过的内容进行回顾和总结，通俗的说法就是"用大脑过一遍"。

另外，有不少讲师会采用课堂测试、案例分析、头脑风暴等方式激发学员大脑的高度专注和深度思考。

自问自答、设置悬念、广告预热、激发联想、冥想时刻、回顾总结、课堂测试、案例分析、头脑风暴等都属于"动脑式"互动手法中的一部分，它们把"希望学员自发自觉多动脑"变成"让学员不得不多动脑"。

生动化教学"6动组合"演示如表2-1所示。

表2-1　　　　　　　　　生动化教学"6动组合"演示

"6动组合"	具体手法	我的改善计划
动嘴	复述法、朗读法、接话法、提问法、抢答法、确认法、点评法……	
动手	手势、举手、鼓掌、动笔、拍照、握手、击掌……	
动眼	图文并茂、文字突出、动画演示、思维导图、提醒观看、道具展示、登台展示、角色扮演……	

续　表

"6动组合"	具体手法	我的改善计划
动耳	快慢变化、抑扬顿挫、制造停顿、提醒倾听、背景音乐、听觉道具、教学歌曲……	
动身	调整座位、四处走动、全体起立、伸展游戏、上台答题、登台示范、小组交流……	
动脑	自问自答、设置悬念、广告预热、激发联想、冥想时刻、回顾总结、课堂测试、案例分析、头脑风暴……	

当然，上述6种生动化教学的方式并非相互割裂，只能单一使用，而是完全可以搭配组合协同生效的。在一次教学活动中，6种生动化教学的方式设计得越巧妙，相互搭配得协同性越好，学员的参与度就越高，体验感就越好，学习效果就越佳，学习收获也就越多。

第二节　促进学员参与互动的教学设计

为了促进学员参与度和互动效果提升，除了基于"感官协同定律"的生动化教学外，我们更可以策划和实施一些极富创造性和想象力的教学互动。基于"鸟笼效应"，我们可以设置各式各样的教学鸟笼来激发学员的求知欲与行动力。基于"随机强化效应"，我们可以创新出花样繁多的随机互动盲盒。基于"嗑瓜子效应"，我们能让教学互动变得层层递进和引人入胜。促进学员参与互动的三个心理学定律如图2-2所示。

■ "鸟笼效应"——打造求知欲的鸟笼

小张的朋友送给他一张非常雅致的书桌，价格不菲。小张把书桌搬进书房，发现那把旧木椅与书桌实在不般配，于是花钱买了一把高档的转椅。

有一天，朋友来小张家做客，对他的书桌和转椅大加赞赏，并随口表

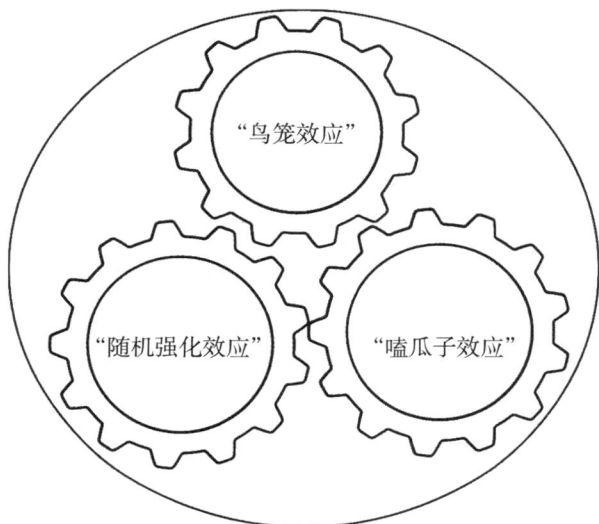

图 2-2　促进学员参与互动的三个心理学定律

示书橱显得有些老旧。经朋友一说，小张也觉得书橱太旧了，于是就花钱买了新书橱。接下来，小张又觉得书房光线不够好，又开了个落地窗。

小张的做法其实不是个别现象，很多人都有类似的行为，这其实就是"鸟笼效应"的体现。

二十世纪初，近代杰出的心理学家威廉·詹姆斯从哈佛大学退休，同时退休的还有他的好友卡尔森。有一天，詹姆斯对卡尔森说："老伙计，我一定会让你不久就养上一只鸟。"

卡尔森笑着摇头："我不信！因为我从来就没想过养一只鸟。"没过几天，恰逢卡尔森生日，詹姆斯送上了一只精致的鸟笼作为生日礼物。卡尔森收下并说："我只当它是一件漂亮的摆设。"从此以后，只要有客人到访，看见书桌旁那只空荡荡的鸟笼，他们几乎都会问："教授，你养的鸟什么时候死了？"卡尔森只好一次次向客人解释从来就没有养过鸟。然而，这个回答每每换来的是客人困惑甚至有些不信任的目光。最后，出于无奈，卡尔森只好买了一只鸟，詹姆斯的"鸟笼效应"出现了。①

---

① 鸟笼效应（Birdcage Effect）［EB/OL］．（2020-11-14）［2023-08-26］．https：//zhuan-lan. zhihu. com/p/294084501.

"鸟笼效应"表明，为了让他人表现我们期望其表现的某些东西，我们可以先为其提供一个鸟笼。

同理，为了提升学员在学习中的主动性和对培训的参与度，我们可以为他们设计和提供一个或多个鸟笼以制造"鸟笼效应"。这类鸟笼的形式有很多，以下所列只是其中的一部分。

1. 框架表单

优秀的讲师在案例分析和小组讨论等环节，不会采用完全开放式交流，而是会给学员发放案例分析或讨论总结的成果输出表单。这份表单里明确了案例分析的方向或讨论总结的基本框架，在限定时间内学员需要填写完成这份表单。显而易见，这份带有思路引导和思考框架的表单，就是一个特定的鸟笼。学员在拿到这份空白的表单时，会不由自主地在讲师指引下去填写完成它。

2. 讲义资料

有些授课经验丰富的讲师，会在学员书面讲义上的特定位置留出方形、圆形的填写区域，并在旁边用小字提示：请写下老师说的这段话、请记下关键词、请写下你的心得体会等。这样的设计其实也是为了发挥"鸟笼效应"的作用，让学员不由自主地在填写区域里面填充内容。

3. 教学道具

有些特别用心的讲师，为了让课程的核心知识与方法更加生动形象，会制作一些配套的教学道具。它们有趣、好玩、吸引人，能让学员对所学内容产生更深入的理解和反思。带有核心知识点的魔方，扑克牌、罗盘、模型卡片、学习地图等都属于教学道具。一旦这些教学道具被放在学员的课桌上、放进学员的讲义袋中，他们可能就会在课间或课后情不自禁地进行操作和演练，这也是"鸟笼效应"的实践展现。

4. 辅助工具

在精心准备的培训会场中，课桌上放置着多种颜色的笔，讲师会鼓励学员用不同颜色的笔来标注不同的内容，让听课笔记和学习记录更加清晰鲜明；除此之外，课桌上可以摆尺子、放大镜、沙漏、望远镜等辅助工具，它们能吸引学员使用。事实上，手机也是培训中重要的辅助工具，学员被鼓励对幻灯片或电子屏幕上重要的内容进行拍照或拍摄视频。

5. 虚拟鸟笼

还有一些非常厉害的讲师特别善于使用虚拟鸟笼。比如，讲师在布置了一个需要小组讨论的作业后宣布休息 15 分钟，但要求学员不能离开培训会场，只能原地休息。这时候很多学员觉得干坐着休息也很无聊，干脆就趁热打铁按照讲师布置的作业展开讨论。由此可见，原地休息 15 分钟就成了一个虚拟的鸟笼。

又如，讲师在讲完某个重要的知识点后，会特意提醒学员该知识点如果不与之前讲过的某个知识点结合使用，那在实践中的效果会大打折扣，于是学员会主动地去回顾与之配套的知识点。

"鸟笼效应"提升了学员参与互动的主动性，而"随机强化效应"则提升了培训中教学互动的随机性和随时性。

■ "随机强化效应"——设计随机互动的盲盒

心理学家伯尔赫斯·弗雷德里克·斯金纳做过这样一个实验，他将一只饥饿的小白鼠放入斯金纳箱（斯金纳设计的一种动物实验仪器）中。箱子中有一个按钮，只要按下按钮，就有一定概率的食物掉落。

让人感到惊讶的是，这只小白鼠居然学会了不停地按按钮。经过多次实验，有很多小白鼠培养出了奇特的行为习惯，如撞击箱子、翻滚作揖、转圈跳舞等。[①]

小白鼠之所以会做这些动作，是因为随机掉落的食物让小白鼠产生了期待，并且它们认为通过撞击箱子、翻滚作揖、转圈跳舞等动作能让这种随机掉落食物的情况再次发生。在心理学中，斯金纳所做实验得出的结论被称为"随机强化效应"。

无论是学校教育还是职业培训，一旦课堂的规则、形式、进程等被学

---

① 30 条生活中十分有用的心理学效应 [EB/OL]. (2021-09-18) [2023-08-26]. https://zhuan-lan.zhihu.com/p/411870373.

员识别出了可预判的规律，学员就可能利用这些规律去规避压力，减少课堂参与，甚至游离在课堂之外。

例如，在学校中，有些老师会采用"开火车"的方式让学生对作业习题进行回答。老师会按习题册上题目的先后顺序，让学生沿着小组座位的排序依次回答。当一个小组从前往后全部答完后，下一个小组再依次从前往后回答。识别出这样的答题排序规律后，有些同学就会提前计算出轮到自己是哪个题目。他们会把注意力放在对自己题目的答题准备上，而不会认真聆听其他题目的正确答案和分析讲解。

1. 互动的随机性和随时性

"随机强化效应"在培训中的第一个特征是增强现场互动的随机性和随时性。所有学员回答问题、交流分享、展示呈现概率是均等的，情况是随机的，是不确定的，是没有规律可循的。

我们可以借助各种辅助道具及其配套的使用手段来增强培训互动的随机性，常用的方法有抽签法、扑克牌法、击鼓传花法、转盘法、特征法、人指人法等。

（1）抽签法

给每个学员发一根竹签，让学员在竹签的一头做好标记。当需要有人回答问题或分享展示时，任选一个学员帮助抽签，抽到谁的竹签，就由谁来回答问题或者分享展示。抽签法总是能为培训活动制造很多"意外"或"笑点"。例如，有些学员会"自抽"，即抽到自己；有些学员会相互抽签，即 A 学员先抽到 B 学员，B 学员答题完成后负责抽取下一题的答题者，又会抽到 A 学员；甚至有时在抽签中会产生"三角形态"，即 A 学员抽到 B 学员，B 学员抽到 C 学员，C 学员抽到 A 学员。

（2）扑克牌法

每个学员随机选一张扑克牌，并在扑克牌上签上自己的名字。当需要有人回答问题或者上台展示时，讲师任意选一张牌，名字在该扑克牌上的学员即被选中。

（3）击鼓传花法

准备一个小物件，由学员任意传递。音乐声不停，传递就不停止。音乐一停，小物件在哪个学员手中，哪个学员就需要回答问题或者汇报展示。

（4）转盘法

用转盘指向来确定需要回答问题或汇报的学员。讲师或学员代表先拨动转盘让其转动起来，最后停下来的指针最靠近哪个小组，就由哪个小组来回答问题或展示分享。

（5）特征法

讲师可以用某个特征来随机界定需要参与互动的学员。这个特征可以是体貌特征，如"全场身高最高的回答这个问题"；这个特征也可以是身份信息特征，如"生日最接近 1 月 1 日的回答这个问题"；这个特征更可以是某些特别的细节，如"衬衫是天蓝色的回答这个问题"。

（6）人指人法

讲师可以随机挑选一位学员，然后让这位学员随机挑选另一位学员来回答问题、汇报或参与其他互动。

当然，在培训活动中运用"随机强化效应"的方法还有很多，它们无一例外都起到了打破规律的作用。

互动的随机性能让参与度偏低的学员不敢不专注，不敢不参与，不敢不思考。因为培训互动轮到自己的概率始终很高，学员每时每刻都需要保持专注。

2. "盲盒原理"

"随机强化效应"在培训中的第二个特征被称为"盲盒原理"。近年来，盲盒深受年轻人的喜爱。盲盒的销售以不可见、偶然性为卖点，其不确定性成为激发消费者购买兴趣的重要因素。它不仅强化了人们对结果的预期心理以及惊喜感，而且会加强重复决策，提高复购率。

在课堂中，我们也需要利用"盲盒原理"来增加培训过程中的不确定性，以便带给学员意外惊喜以及各种反转刺激。互动盲盒的四个维度如图2-3 所示。

（1）互动形式的盲盒

对于需要互动的环节，学员可以通过盲盒随机抽取参与互动的形式，如简单答题、演讲汇报、小组合作等，互动形式的选择存在极大的不确定

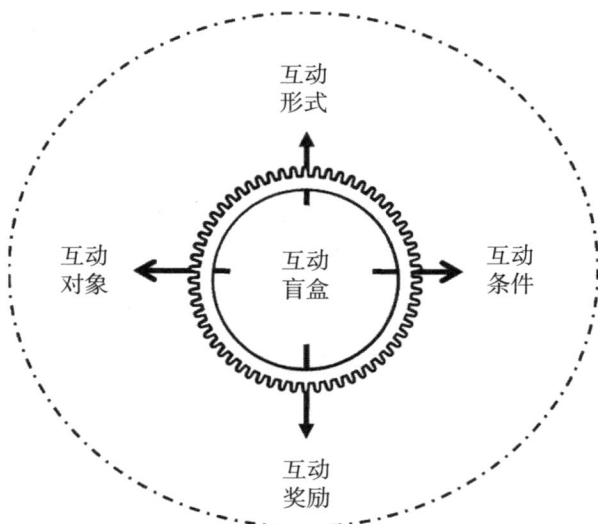

图 2-3　互动盲盒的四个维度

性和随机性。

（2）互动对象的盲盒

学员可以通过盲盒随机选出参与互动的对象，如小组内其他伙伴、其他小组成员、讲师等，这些选择都存在很大的不确定性和变数。

（3）互动条件的盲盒

学员可以通过盲盒随机抽出参与互动的条件选项，如必须马上参与互动、换时间参与互动、换主题参与互动、不参与互动、指定他人代替自己参与互动，这些都是随机、无规律的。

（4）互动奖励的盲盒

学员可以通过盲盒随机抽出参与互动的奖励。奖励不仅包括课堂上已经准备好的各类有形奖品，还可以包括其他无形的奖励，如增加小组积分、获得一次豁免权、下次答题得分加倍、给其他小组扣分等，盲盒能增强奖励的随机性和多变性。

"随机强化效应"如果运用得当，能提高教学互动中的学员参与度和增加课堂趣味性。而"嗑瓜子效应"则提醒我们，教学互动要避免给学员制造太大的心理压力，以防他们产生畏惧感和抵触情绪。

■ "嗑瓜子效应"——构建欲罢不能的进阶

美国社会心理学家弗里德曼做了一个有趣的实验。他让助手去访问一些家庭主妇，请求她们将一个小招牌挂在窗户上，这些主妇答应了。过了半个月，助手再次登门，要求将一个大招牌放在庭院内，这个牌子不仅大，而且很不美观。同时，助手对以前没有放过小招牌的家庭主妇提出同样的要求。结果前者中有超过半数的人同意，而后者中只有不到17%的人同意。人们把这种步步为营提要求成功率更高的心理现象称作"登门槛效应"。[①]

而"嗑瓜子效应"可以说是"登门槛效应"的升级。一袋瓜子，一旦拿起第一颗开始嗑，就会有第二颗、第三颗……一直停不下来。即使在嗑瓜子的过程中，人们临时去做了其他事，但回到座位后还会继续嗑下去，一直到吃光为止。

那么，小小的瓜子为什么能让人停不下来？设想一下，如果要求把一整袋瓜子全部剥完以后才能开始吃，相信很少有人能坚持下来。

"嗑瓜子效应"的神奇之处在于它背后有两个心理学原理。

第一个原理就是"登门槛效应"，嗑一颗瓜子的难度非常低，低难度的任务往往有利于人们的尝试和坚持。

第二个原理则是即时奖励和回报。人们只需几秒钟就能品尝到一粒瓜子仁，这种快速即时的奖励和回报，激励着人们不停地继续。

为了提升学员在课堂中参与互动的积极性，我们要充分借鉴和利用"嗑瓜子效应"，尤其要尽可能做到降低参与互动的门槛以及给予即时奖励和回报。

1. 降低参与互动的门槛

通常而言，在课堂中异常活跃的学员毕竟占少数，不少学员都是沉默的，他们的参与度需要我们想方设法提高。因而，在启动问答、练习、演

---

① 登门槛效应 [EB/OL]. （2020-06-13）[2023-08-27]. https：//www. the paper. cn/news Petail-for ward_ 7833630.

示等互动环节时，我们要充分参考"登门槛效应"的原理来降低学员的"启动成本"。学员的"启动成本"就是学员开始参与互动存在的难度、风险和压力以及他们需要付出的时间与精力。我们可以通过"四个降"来实现降低学员的"启动成本"。

（1）降低难度

培训的初期，我们要尽量把教学互动的难度设置得低一些，并随着培训的进度逐步提升难度。对于那些有一定难度的提问，我们要尽量给学员一些提示。

（2）降低付出

培训互动要循序渐进，我们可以先进行一些不需要学员付出太多精力和时间的小互动，如讲师提问学员举手抢答等，而把游戏、演示、小组竞赛等大互动尽量放在后面。部分讲师喜欢在培训一开场就立刻进行耗费精力和体力的大型破冰活动，有时候这样做反而会抑制学员的参与性，增强其抵触性。

（3）降低风险

培训初期的教学互动中，尽量不要设置扣积分、罚表演等惩罚性手段，也不要给予学员当众批评等负面反馈。对于学员而言，他们一旦觉得参与互动存在代价和风险，就会选择不参与。

（4）降低压力

除上述做法之外，我们要尽量降低学员参与教学互动的心理压力，多说一些积极鼓励的话语，比如"重在参与""每个回答都值得鼓励""对错没有绝对"等。

2. 给予即时奖励和回报

"嗑瓜子效应"告诉我们，培训过程中奖励的刺激效果在很大程度上取决于奖励的回报周期，周期越短效果越好。

某中学有一套独有的教学方式，叫作"天天测、周周结、月月考"。天天测，就是老师会每天出一份自测题，测验一下当天的学习内容，检验学生的知识接受率。周周结，就是周五总结本周的所有内容。月月考就是实打实考试，每个月还有对比，看看学生有没有进步。这样的教学方式目的是让学生在最短时间内看到自己在学习上的进步。并且对于那些进步特别快的学生，学校和老师还会给予对应的奖励。该中学的做法符合"嗑瓜子效应"中所强调的即时奖励和回报原理。

在开展培训的过程中，我们要为积极参与互动的学员提供即时奖励和回报，如一些价格不高但颇具特色的小纪念品、教学用品等，这可以在带动学员参与培训互动时起到良好的效果。

例如，有位来自新加坡的华人讲师总会为他的培训课堂采购大量小毛绒玩偶。对于答对问题或参与重要互动的学员，讲师总是能精准地把作为奖品的玩偶抛掷给他们。而在这"一抛"和"一接"之间，课堂氛围总会被瞬间点燃。

如果奖励只能在全部培训课程结束后才能颁发给获奖小组或个人，那针对学员互动表现的即时回报可以采用"积分"或"筹码"等形式。

"鸟笼效应""随机强化效应"以及"嗑瓜子效应"三个心理学定律为培训过程中互动性与参与度的提升奠定了基本逻辑。在设计培训互动时，我们需要预先构建好有效的鸟笼、设置好增加不确定性和随机性的盲盒、铺垫好嗑瓜子的阶梯。

第三节　导致学习参与度降低的误区陷阱

我们不仅要思考如何提升学员的教学互动参与度，更要思考哪些因素可能会降低学员的参与度。"霍桑效应""马太效应""旁观者效应"以及"超限效应"能帮助我们分析和识别低参与度背后的原因，并指导我们有针对性地采取预防和解决措施。有关学习参与度降低的四个心理学定律如图 2-4 所示。

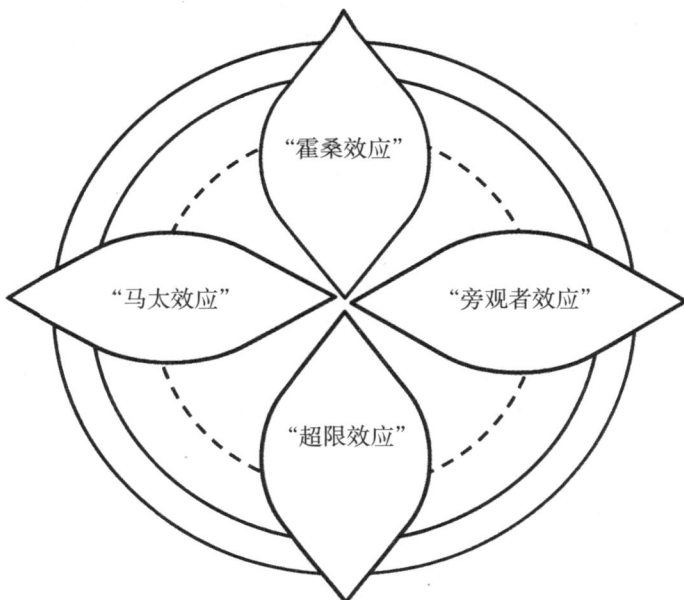

图 2-4　有关学习参与度降低的四个心理学定律

■ "霍桑效应"——实施特别关注

"霍桑效应"是由哈佛大学心理学教授乔治·埃尔顿·梅奥提出的。这一心理学定律给我们的启发是，当一个人被外界关注并意识到有人在特别关注自己的言行，会对自己的行为举止进行特意改变或优化。

例如，当人意识到上司正在办公室的玻璃窗外看着自己时，会更加聚精会神地工作。

"霍桑效应"带给我们的提醒是：在培训活动中，学员如果感到自己不被关注，或者完全游离在讲师、其他学员的关注之外，他们就会变得懒散、低落甚至抵触。

反之，学员如果在培训过程中觉察到自己的言行举止正在被讲师或其他人关注和记录，就会特意展示出对学习的高参与度和主动性。

因此，对于那些参与度不足或活跃度不够的学员，我们可以通过对其施加特别的关注以发挥"霍桑效应"的积极作用。这里所指的关注包括眼神的关注、表情的关注、语言的关注、手势的关注、人际的关注、记录的关注等。

1. 眼神的关注

我们可以通过眼神交流来展示对学员的关注和重视。我们通过眼神释放出的期待、赞许等会让学员感到其正在被关注、被重视，他们对学习的参与度和重视程度会因此而得到一定程度提升。

2. 表情的关注

我们可以通过某种特定的表情向学员发送"信号"，让其意识到自己正在被关注，可以是微笑等。当然我们在做出某种表情时通常需要伴随对应的头部动作，如点头、转头等。

3. 语言的关注

我们可以通过语言来暗示学员正在被关注，如"某位同学听得很认真""某一组同学正在认真记录""某一类学员好像正在思考"等，这些语言的提醒会产生"霍桑效应"，学员会更努力地表现自己。

4. 人际的关注

我们可以通过学员和学员的相互关注发挥"霍桑效应"。指定某些学员去关注另一些学员的行为举止，评估他们的现场表现，在每个学习小组中设置监督员或记录员，让有竞争关系的小组相互找问题，这些都是我们可以采用的做法。

5. 记录的关注

我们可以在课堂现场安排助教或专人通过拍照和拍视频的方式记录培训过程中的点点滴滴。拍照或拍视频的身影穿梭在培训场所，影响每一位学员。因为感到自己的任何言行举止随时都有可能被抓拍，学员的参与度和自我表现会得到较好提升改善。

"霍桑效应"通过加强对学员的关注提升学员的参与度，而"马太效应"则提醒我们重视培训现场互动时可能出现的两极分化现象。

■ "马太效应"——平衡两极分化

"马太效应"的本质其实就是"穷者愈穷富者愈富"或"多者愈多少者愈少"。

以学校教育为例，有时，学习能力强的学生，发言机会就多，而发言机会越多学习能力就往往越强，学习能力弱的则相反，这就可能造成强者越强，弱者越弱，两极分化。另外，在小组合作学习的过程中，能力较强的成员往往受到更多尊重并取得领导地位。反之，能力较弱的成员在小组中可能会越来越没有存在感，直至完全丧失了合作学习的兴趣。

从积极角度看，学习能力强的学员获得越来越多的荣誉和越来越高的评价，这可以对小组内表现一般的学员产生吸引力和示范作用，促使他们努力提升自己。从消极角度看，如果没有清醒的自我认识和理智的态度，获得高评价的学员容易因自身过度活跃的表现而抑制其他学员的参与积极性和课堂表现欲。

我们会发现，异常活跃、特别积极的学员容易在培训活动中成为"主角"。他们几乎面对什么问题都会举手回答，面对什么讨论都愿意发表看法，面对什么活动都愿意参与。他们表现得越活跃，就越能得到讲师的认可，就越能获得更多的发言和表现机会。

然而这极有可能抑制其他学员的表现兴趣和展示欲望，导致他们变得越来越沉闷。那些本来就低调沉闷的学员，会进一步降低在培训活动中的参与度和积极性，最终变得不爱发言、不爱举手、不爱交流，甚至做一些和培训主题无关的事情。而且他们发现，哪怕自己想要参与互动、希望积极表现，大部分机会也都会被那些活跃的学员所抢占。因此他们选择做"沉默者"，逐渐游离于讲师和其他学员的关注范围之外。也正因如此，他们受关注程度逐渐降低，获得展示自己的机会逐渐减少。

任何培训课堂中如果出现了"马太效应"，就有可能出现极小部分"活跃分子"和一大批"沉默者"并存的现象，甚至现场可能发生两个群体之间的冲突和对抗。

"马太效应"的出现，在很多时候反而会导致学员中大部分人降低学习参与度，因此我们需要采取一定的措施，消除"马太效应"的负面影响。

1. 引入"随机强化效应"

"随机强化效应"中提升互动随机性的各种方法，完全可以被借鉴过来以消除"马太效应"。一旦学员参与教学互动的机制由"积极自愿"变成"随机均等"，那么"活跃分子"参与互动的机会可以被减少，而"沉默者"参与互动的概率则会大幅度增加。

2. 精设筛选条件

我们要想方设法给"沉默者"创造更多参与互动的机会，有针对性地设置参与互动人选的筛选条件。讲师可以说："接下来就请今天表现得最文静的××先来分享。""那么我就请笔记记得最认真的××来回答这个问题。""我希望邀请上台做演示的是今天还没有回答过问题的××。"很明显，讲师在挑选互动对象时故意为某些"沉默者"量身定制了筛选条件。

3. 引导角色转换

对于表现欲过分强烈的"活跃分子"，我们可以引导其从"主攻手"变成"二传手"。当这些"活跃分子"准备参与互动时，我们可以让他们挑其他学员中的某个人来替代自己，并把挑选的权力充分授予他们。不仅如此，我们还可以提议这些"活跃分子"为所挑选的学员提供辅助性建议、指导。

在掌握了"马太效应"的基础上，我们还需要关注一个重要的心理学定律——"旁观者效应"，它也被称为"责任分散效应"。

■ "旁观者效应"——设置责任连带机制

"旁观者效应"表明，如果某个独立个体被要求单独完成任务，其责任感就会相对很强，会做出较为积极的反应。但如果是一个群体被要求共同完成任务，则群体中每个个体的责任感就会变弱，面对困难或承担责任时往往会退缩。"滥竽充数"体现的就是"旁观者效应"。

在培训活动中，一旦某些学员在心理上产生了"旁观者效应"，他们就会认为"多我一个不算多，少我一个不算少"，觉得自己对于整个培训活动的进程和效果是可有可无的。当讲师组织现场教学互动时，这类学员会产生"反正其他人会回答的""总会有其他学员分享观点的""我参不参与都一样"等想法。因此他们在大部分时间内，总是呈现"冷眼旁观"的姿态，不积极，不主动，不热情，不愿互动。

培训现场的学员人数越多，"旁观者效应"就越明显。在很多百人以上的大型培训，后排学员昏昏沉沉甚至呼呼大睡的现象并不少见。除此之外，培训活动中每个学习小组组内的人数越多，该小组成员的"旁观者效应"越发明显。

为了最大限度消除"旁观者效应"的不利影响，我们需要尝试把责任连带机制引入培训课堂管理。

所谓责任连带机制，指的是在学员与学员之间、学员与小组之间，甚至学员与整个培训班之间，建立紧密的利益关联和责任挂钩机制。换句话说，某个学员的不良表现，不仅会影响自己、影响身边的其他学员、影响整个学习小组，更有可能影响整个培训活动的进度和成果。

引入责任连带机制的最终目的，是让每个学员在课堂中肩负起更大的责任，产生更强烈的责任感，产生担心连累他人的不安全感。这种责任感和不安全感，有利于驱动学员踊跃发言和主动表现。

培训课堂既是求知的学习场所，也是人际交往的社交场所。在这样的场所中，有些学员即便不在乎个人的利益得失，不在乎自己的学习收获，也会在乎自己和他人的人际关系。

责任连带机制产生的责任压力越大，怕连累他人的不安全感越强，学员的学习主动性和积极性就越能得到明显提升。

正因如此，我们在设计培训活动所配套的奖励和处罚时，一定要尽可能把责任连带机制融入其中。

1. 针对不良表现的责任连带机制

对于培训活动中常见的不良行为，我们需要把学员的个人表现与其身边其他学员、其所在小组和整个培训班集体的利益进行挂钩。

例如，迟到、玩手机、打电话、打瞌睡、窃窃私语等不良现象，一旦出现，该当事人所在小组所有成员都有可能受到牵连影响。具体做法可以包括该小组被集体扣分、该小组被点名批评、该小组失去入围优胜资格，或该小组组长需要当众表态改进等。在这样的责任连带机制下，学员会对自己更加约束，唯恐影响他人（如组长）或所在小组。

不仅如此，学员的不良表现也可以和整个培训班集体的利益进行关联。例如，一旦某位学员多次发生不良行为且屡教不改，则整场培训的结束时间往后延，或整个班集体预定的奖励被取消，或针对本次培训班的福利待遇被降级。

2. 针对优良表现的责任连带机制

对于培训过程中个别学员的优秀表现，我们需要将其与周边学员、所在小组或整个培训集体的利益进行挂钩。

我们希望看到和鼓励的优秀表现，例如，最先完成作业、勇敢登台展示、答题特别出色、笔记极其认真、思路独特创新、主动展示才艺烘托气氛等，都可以和相关学员所在小组甚至整个培训班集体的利益进行挂钩。

我们可给予优秀学员所在小组特别加分或下次答题优先权、给予小组所有成员额外福利、在培训总结海报等宣传中给予该小组专门表扬，类似的做法还有很多，本质都是把学员优秀的表现与所在小组整体利益进行了挂钩。

另外，某个学员的出色表现能给整个培训班集体带来额外的福利和更多的奖励，如提升茶歇/午餐的规格、特地邀请重要领导前来合影留念、全体学员获得附加的培训礼包。

"旁观者效应"让我们意识到建立责任连带机制的重要性，而"超限效应"则提醒我们培训现场的教学互动并非越多越好。

■ "超限效应"——防止过犹不及

美国著名作家马克·吐温在教堂听牧师演讲。最初他觉得牧师讲得感人肺腑，因此他准备多捐点钱。过了 10 分钟，牧师还没有讲完，马克·吐温有些不耐烦了，决定只捐点零钱。又过了 10 分钟，牧师还是没有讲完，于是马克·吐温决定一分钱也不捐。等到牧师终于结束了演讲，开始向听众募捐时，马克·吐温不仅不捐钱，还从盘子里拿走了两元钱。①

马克·吐温的故事折射出的是心理学上的"超限效应"。这一效应表明，如果外来的刺激过多、过强或作用时间过久，就会使人感觉不耐烦，甚至产生逆反心理。当下很多年轻人都喜欢短视频，就是因为长视频容易引发"超限效应"。

培训过程中教学互动的设计与实施也是如此。适度和适量互动作为讲解的补充形式，能有效地调动学员的参与度与积极性。但过度和过量互动，甚至毫无意义互动，不仅容易引发学员的不耐烦和逆反心理，而且会把学员的专注力从课程内容中转移出来。

为了防止教学互动中"超限效应"的产生，我们需要遵循以下几个准则。

1. 把教学互动"做短"

大量实践表明，一次时长超过30分钟的案例讨论或小组交流，容易让学员产生疲劳感、懈怠感和厌烦感，会让一部分学员开始游离于讨论交流之外。有些讲师喜欢在培训开始阶段就展开耗时很长、占用大量精力和时间的教学互动，结果会导致不少学员逐渐失去热情，最终拒绝参与。

而那些优秀的讲师则习惯于把教学互动做"短"，创造出让大家意犹未尽、欲罢不能的"短互动"。

当案例讨论、角色扮演、教学游戏、现场竞赛、问答挑战等教学互动进入高潮时，优秀的讲师不会在旁边任由时间消磨和学员情绪由高到低转变，而是会迅速"见好就收"。这样做一方面能防止过长的教学互动产生"超限效应"，另一方面能制造"意犹未尽"的效果。

另外，当我们组织教学互动及布置互动任务时，要故意压缩时间，以制造紧迫感和兴奋感。例如，"我给大家3分钟完成案例讨论，3分钟后我将随机选择一个小组分享""上台的学员必须在2分钟内完成角色扮演，其他学员立刻做出点评"。这种较强的时间压迫感会让学员参与互动时更

---

① 心理学效应：超限效应［EB/OL］.（2023-08-09）［2023-08-27］. http：//zhuanlan. zhi liu. com/p/648916788.

全神贯注，聚精会神。

更短的教学互动能有效防止"超限效应"的发生，提升学员参与互动的积极性。

2. 把教学互动"做活"

很多讲师的教学互动是预先设计好的，是固定、不能随意调整的。比如，有的讲师在备课资料上会写明：上午十点案例讨论，下午两点角色演练，下午四点三十分游戏活动等。

这样的预先安排无可厚非，但最大的挑战是学员在现场的参与状态和情绪变化是无法预测的，而且往往会和讲师预想的存在较大差异。这就可能导致预先设定的教学互动和学员参与活动的积极性不匹配。

在学员参与度不高且情绪低落时，有些讲师还在继续讲解着让学员觉得枯燥单调乏味的内容，这就会让其学习兴趣进一步降低。

而当学员学习参与度很高且情绪特别高涨的时候，有些讲师却开始了预先设定好的"现场互动"，这就白白浪费了非常宝贵的讲解"黄金时间"。

基于上述问题，我们应该把教学互动从"死设定"变成"活运用"，即结合现场学员的参与度状态和情绪波动，灵活地调整教学互动。

一旦发现学员参与度明显下滑了，我们可以把准备好的后续教学互动迅速提前使用。反之，一旦发现学员参与度很高，我们可以多讲解一些内容和"干货"，把计划内的教学互动往后顺延。

让教学互动方式更匹配学员的参与度波动，就能帮助我们有效降低和防范"超限效应"。

3. 把教学互动"做准"

不少学员之所以对讲师安排的教学互动产生厌烦抵触情绪，是因为很多互动是无意义、无价值的。

把教学互动"做准"，其核心目标是将教学互动精准链接对应的教学内容，提升教学互动的含金量和针对性。

我们发现，同样是为了提高现场学员的参与度、营造更好的学习氛围，高水平的讲师和低水平的讲师在教学互动上的表现截然不同。

高水平的讲师的每一次互动，哪怕再小，其背后总有某些理念、知识或者技能的"传递"，总能让学员有收益和启发。而低水平的讲师的教学互动，则明显形式大于内容，让学员觉得在浪费时间。

任何一次教学互动，既要有形式，更要有内容，互动形式一定要和对应的教学内容产生关联。而真正有效的教学互动设计应该是"先有内容，再有形式"，即以知识点为靶心去设计教学互动。

教学互动对应的知识点是"What"，互动形式的选择是"How"，互动结束后的总结点评是"Why"，三者环环相扣，缺一不可。

让教学互动与所教知识点紧密结合，让学员有所收获，这样就能大大降低和消除"超限效应"。反之，如果互动是无内容的、无价值的，则会极大强化来自学员的"超限效应"。

第三章

教学观点柔性灌输与认知引导

第一节　提升教学观点的吸引力与接受度

唐代文学家韩愈曾写：师者，所以传道受业解惑也。的确，培训的目的、讲师的职责、教学的初衷，在根本上就是传播观点、传授知识、解决困惑以及改变认知。

但是，如何让培训的课程知识点和教学观点更被学员接受，更被学员认可，更被学员相信？这就需要我们借鉴"禁果效应""光环效应"以及"同频效应"来提升吸引力和接受度（见图3-1）。

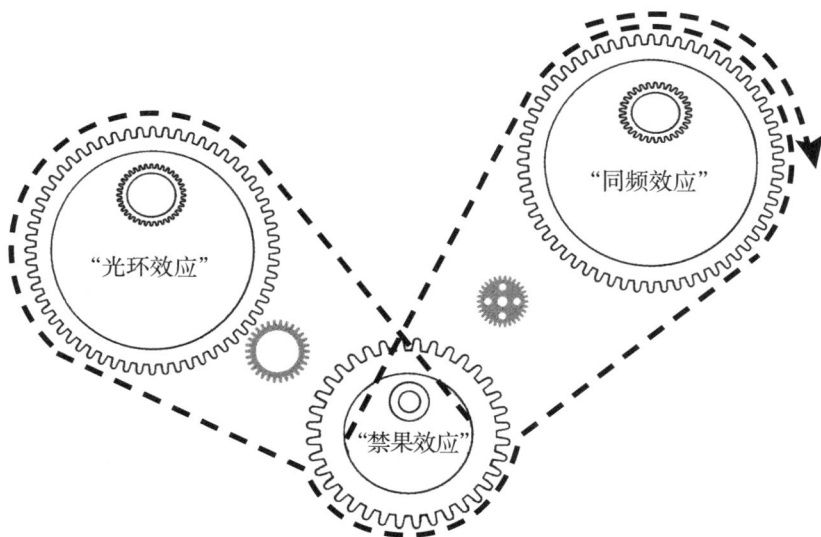

图3-1　提升教学观点吸引力与接受度的三个心理学定律

■ "禁果效应"——欲擒故纵破抵触

苏轼和苏辙小时候非常顽皮，不肯读书。为了引导他们读书，苏洵夫妇在苏轼和苏辙玩耍嬉戏的时候，故意躲在角落里读书。苏轼和苏辙一过来，就特意把书"藏起来"。

父母的举动让孩子们好奇不已。他们猜想父母一定得到了什么特别的好书。满怀追根究底的想法，趁父母不在家的时候，苏轼和苏辙就把他们藏起来的书拿出来读。日复一日，读书竟成了苏轼和苏辙的乐趣。苏轼、苏辙热爱读书，发奋学习，终于成为著名的文学家，与父亲苏洵被誉称为"三苏"，被列入"唐宋八大家"。

这种因为逆反心理和好奇心而产生求知欲和探究欲，在心理学中被称为"禁果效应"①。"禁果效应"用一句大白话表述就是"越不让我做，我就越要做"。

为了提升学员对某些重点知识和教学观点的接受程度，我们需要充分借鉴和利用"禁果效应"。欲擒故纵、反转结论、中断暂停等都是我们可以尝试和运用的手法。

1. 欲擒故纵

在培训课堂中，我们可以通过"故意不让学员做什么"来激发其逆反心理，提升学员对相关教学内容的好奇心和探究欲。

比如，我们可以故意要求学员不要翻到下一页，很多学员会在好奇心驱使下偷偷地翻到下一页并阅读相关内容，而这正是我们希望达到的学员预习目的。

又如，我们可以故意要求现场的其他学员不要关注和观察某位学员的表现，但越是这样其他学员越会这样做。而这位学员恰恰是我们希望其他人效仿和学习的对象。

所谓欲擒故纵，具体而言就是我们故意说"No"，通过逆反心理来激发学员做"Yes"的欲望和积极性。在很多时候，如果我们用说"Yes"的方式进行引导，学员反而会做出"No"的举动。例如，我们直接要求学员翻到下一页预习，不少学员会无动于衷。又如我们直接提倡大家多向某位优秀学员学习，部分学员会表现出不屑一顾。

---

① 禁果效应［EB/OL］.（2022-08-31）［2023-08-28］. https://zhuanlan.zhihu.com/p/559598403.

2. 反转结论

"禁果效应"告诉我们，学员的逆反心理是客观存在的，甚至是可以提前识别的。水平高超的讲师经常利用逆反心理来让自己的观点深入人心，让学员产生深刻印象，而其中最常用的一种手法被称为反转结论。

在一次谈判培训课程中，讲师一开始先向学员反复宣讲良好沟通的重要性，但这种灌输型的讲解让很多人在心理上产生了抗拒、抵触。正当学员认为该讲师的观点仅限于此时，他突然话锋一转，告诉在场学员自己其实非常反对过度放大沟通的作用，也特别反感"言必称沟通"。接下来这位讲师告诉学员，沟通只有在双方利益分歧较小的情况下才会更加有效，一旦双方产生了明显的利益冲突，就需要运用高超的谈判手段来替代常规沟通。

很显然，这位讲师刚开始讲解沟通的重要性是为了故意刺激学员的逆反和抵触心理，而后他利用反转结论使自己真正的观点快速赢得学员的认可。

3. 中断暂停

利用"禁果效应"还有一个手法便是中断暂停。当我们开始某一主题、某一章节、某一模块甚至某一细节的讲解时，可以故意告诉学员自己暂时不想讲下去，或者自己不得不中断课程内容的正常讲解。

这样的安排会让学员产生极大的疑惑，进而产生强烈的好奇心和探究欲。在中断和暂停后，我们可以告诉学员自己会先和他们分享一个故事，或先给他们讲解一个案例，或先向他们提出一个问题，或先给他们展示一张图片，或先为他们播放一段视频，或先和他们做一个活动……

而这些中断正常授课临时穿插的故事、案例、问题、图片、视频、活动等，其实就是后面即将讲解的正式内容和主题的"引子"。

每当发现学员出现麻木的状态时，优秀的讲师一定不会机械地按照原有进程讲下去。他们会采取中断暂停的手法，并插入趣味性和互动性兼具的"引子"，让"引子"自然地带出接下来要讲解的内容和主题，提高学员的主动性。

"禁果效应"能利用逆反心理有效激发学员的好奇心，而"光环效应"则通过营造信任来提升教学观点的说服力和学生对它的接受度。

■ "光环效应"——塑造光环赢信任

有位化学老师对课堂里的学生表示，将测验一下臭气的传播速度。当着学生的面，他打开了装有臭气的瓶子，并且立刻问学生们闻到了没有。15秒后，前排学生立刻举手，称自己已经闻到了臭气。而后排的人也陆续举手，纷纷称自己同样闻到了。而事实上，瓶子里只有空气。

这则小故事告诉我们，说话的人如果地位高、有威信、有名望，则会在其他人心中形成一定的光环。由于光环的存在，人们往往会在不加分辨和判断的情况下，相信其所讲内容的正确性和合理性。

"光环效应"的客观存在，首先源于安全心理，即人们总认为带有光环的人物往往是正确的，具有公信力，服从他们是安全的；其次源于仰慕心理，即人们总是对名人、专家，产生仰慕心理。这种自下而上的仰慕会让人缺乏理性思辨，产生习惯性顺从。

俗话说："人微言轻，人贵言重。"权威人物的观点，往往更能被人接受和认可。

"光环效应"在培训中同样存在，并且极大影响着学员对培训内容的接受度和对讲师观点的认同度。因此，我们不仅不能忽视"光环效应"的客观存在，而且应充分借鉴和利用该效应来提升培训效果，引发学员共鸣。

1. 讲师本人的"光环效应"

名师出高徒也可以解读为有名望的老师容易让学生产生学习的欲望和动力，从而能培养出优秀的学生。相对而言，自带光环的讲师往往更能让自己的观点、教学内容被学员接受和认同。虽说对讲师背景的过度看重不是一个理性的现象，但培训组织者在筛选和评价讲师时要尽量考虑到"光环效应"对培训效果的助推作用。

一般而言，决定讲师"光环效应"的核心要素可以用"职客书奖人版媒"七个字来概括。这具体指的是讲师的职业背景和履历是否有吸引力，讲师的样板客户和授课经历是否有说服力，讲师是否有相关的出版作品，讲师是否获得过业内认可的荣誉和奖项，讲师是否有其他名人为其背书和推荐，讲师是否申请并获得了具有独家学术成果的版权证书，讲师是否在权威媒体上出过镜或者在某些新媒体上拥有大量粉丝。

"职客书奖人版媒"既可以作为培训组织者筛选讲师时的重要参考，更可以作为职业讲师塑造个人光环的参照坐标和努力方向。

2. 名人名言的"光环效应"

有经验的讲师在亮出某些重要观点和传递某些或许会引发异议的理念时，往往不会用"我认为""我觉得"等主观的表述方式。相反，他们习惯于借助某位名人曾经说过的话来引出自己的观点。

"著名物理学家爱因斯坦曾经说过这样的话……""刘德华当年在人生低谷时曾对身边的朋友说过……""特斯拉创始人马斯克有一句名言……""营销学泰斗科特勒在来中国演讲时指出……"，这些表述共同的特征是引用某些名人的言语来引出讲师希望学员快速接受和吸收的观点和方法。

专业的讲师在培训备课时，一定会把课程中那些容易引发学员异议、误解甚至抵触的知识点列成清单，并努力为这些知识点寻找和搭配能产生"光环效应"的名人名言。

3. 引用出处的"光环效应"

很多学员不喜欢某类讲师的一个重要的原因就是这些讲师亮出的观点和提供的方法总是让人感觉有些胡编乱造，缺乏可信的出处。而那些专业且严谨的讲师则非常注重在教学过程中告知学员自己所教的知识点和方法引用自哪里，出处在哪里，如"这段话来自某某知名期刊""这个观点来自某某知名网站""这个结论来自某本畅销书""这个调研结果引用的是某某机构原文"等。

一旦我们的很多观点都有具体的出处，它们在学员心中的可信度与权威性将得到大幅度提升。

那些在培训时经常被学员质疑和挑战的讲师，他们说很多观点和论述时都没有提前做足功课，缺乏让人信服的引用出处。

4. 专业数据的"光环效应"

说服力特别强的讲师几乎都是引用数据的高手，他们在培训中习惯于用精确的数据来佐证自己的观点，提升学员的接受和认可度。如"有78%的人都犯类似的错误""95%的情况下我们都会选择 A""78%的被测试者会接受这个挑战"等。

一旦我们在传递知识或呈现观点时采用了有据可查的精确数据，那学员自然会对其产生对应的"光环效应"。他们通常会觉得精确的数据肯定代表着不容置疑的事实，是值得信赖的。

反之，那些总是用"大多数""某些""一定程度""部分"等不确定的词汇进行表述的讲师，则可能会被学员认为表述的内容是虚假的、有水分的甚至忽悠人的。

精确引用的数据能提升讲师本人的可信度与专业性，也能提升课程的严谨性和科学性、让学员对其产生"光环效应"。

备受学员认可的讲师不仅头顶"光环"，而且特别善于制造自己与学员之间的"同频效应"。

■ "同频效应"——构建同频增吸引

在心理学中有句名言：如果你想要人们相信你是对的，并按照你的意见行事，那就首先需要人们喜欢你。

"同频效应"又被称为"双胞胎效应"，它指的是人们总喜欢那些和自己比较像的人，或者认可与接受那些和自己有更多共同点的人。

人和人的共同点越多，彼此的分歧和冲突自然越少。在培训课堂中，学员和讲师的关系也符合这一点。

优秀的讲师非常注重营造自己和学员的"同频效应"，以便快速拉近距离，消除隔阂，赢得学员的认可与亲近。一次课堂培训的最终效果，究其根本无非由两个维度决定，其一是课程本身的品质吸引力，其二是讲师本人的人格吸引力。

在教育培训中我们经常发现，同样的课程内容，由人格吸引力不同的讲师分别讲解，学员的接受和认同度会有很大的差异。

因此，在选择和筛选外聘讲师时，除了要对讲师所讲课程内容进行细致把关外，也千万不能忽略对讲师本人人格魅力的评估。很多企业的培训负责人在选择讲师时一定要试听、一定要和讲师通话、一定要评估讲师的视频，一个重要的原因就是想识别讲师的风格特征、评价讲师和学员的匹配性、评判讲师的人格吸引力。有些时候，对"人"的筛选甚至比对"课"的把关更重要。

对讲师而言，则一定要提升自己在培训过程中与学员建立"同频效应"的能力。

高情商的讲师通过对现场学员的观察和了解，往往能从六个方向营造与学员的"共同点"，构建"同频效应"。这六个方向分别是共同特征、共同渊源、共同爱好、共同感受、共同利益以及共同知音（见图3-2）。

图3-2 构建"同频效应"的六个方向

1. 共同特征

高情商的讲师往往会特别留意和关注学员在穿着打扮、说话风格、动作习惯等方面的特征，并努力在这些方面营造和学员更多的共同点，以消除与学员的隔阂，赢得学员的认可和喜爱。

2. 共同渊源

高情商的讲师很注重在课间休息或午餐、午休时与学员的闲聊互动，并努力寻找自己和学员在过往经历中的相似之处和共同点。学员的姓名、籍贯、居住地、学习经历、工作经历、旅游经历、家庭状况等，都能为讲师提供寻找共同渊源的各种线索。

3. 共同爱好

高情商的讲师能依据学员的基本信息，识别与判断出学员的兴趣爱好及普遍关注的热点话题。讲师会把这些兴趣爱好和热点话题穿插在课程讲授的过程中，既让培训轻松愉快，又能拉近与学员的距离。

4. 共同感受

高情商的讲师对于学员在培训过程中可能出现的不安、不满和不适，会主动表达自己的关心体谅和感同身受。比如，对周末放弃休息参加培训的学员表达感谢，对课堂组织中不尽如人意的地方及时表达自己的关切与歉意，对讲解中可能导致学员不舒适的表述"小题大做"地表达自己的愧疚。

5. 共同利益

高情商的讲师会在课堂中不断宣导"教与学"之间是一个利益共同体：学员学得越努力，讲师也会教得越不遗余力；学员越能参与和投入，讲师越会帮他们多争取利益；学员越有收获和成长，讲师越能得到真正的快乐和价值。

6. 共同知音

高情商的讲师会对学员发表的一些看法，主动表达自己的认可、共鸣和赞美，让学员觉得讲师是真正懂自己的知音。一个真正懂自己，会欣赏自己的讲师，很多学员是不会抗拒的。

第二节　打破学员的认知惯性和壁垒

　　大部分学员身上都存在认知壁垒，即由自身的过往经历和原有知识所形成的认知惯性，这种惯性会让学员不自觉地对知识、观点和方法等输入产生排斥。

　　为了更富技巧性地打破学员固有的认知壁垒，我们可以从某些重要的心理学定律中获得启发，从中提取行之有效的解决对策。例如，"暗示效应"能教会我们如何通过循循善诱的提问引导来改变学员认知，"迁移效应"能指导我们在学员的旧知和所教的新知之间实现融会贯通，而"逆向合理化效应"则能指引我们通过正向和反向两种用法打破学员的认知壁垒（见图3-3）。

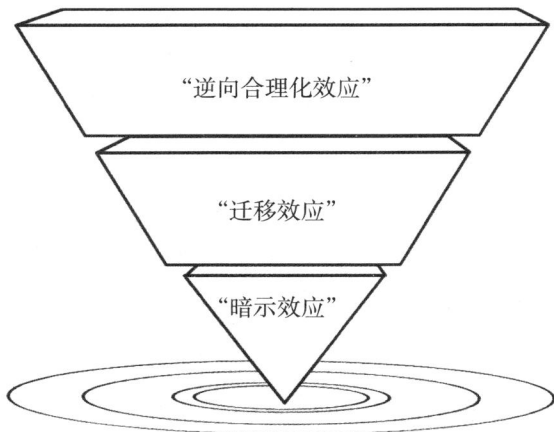

图3-3　打破学员认知壁垒的三个心理学定律

■ "暗示效应"——循循善诱巧提问

由于存在抵触说教的心理，有些学员可能会对讲师所传授的观点、方法、知识、技能等产生习惯性抗拒。为了有效激发学员发自内心的认同以及深刻理解，我们需要尽可能使用"暗示法"来替代"说教法"。

"暗示效应"是指在无对抗的条件下，用含蓄以及间接的方法对人们的心理和行为产生影响，从而引导人们按照一定的方式去行动或接受一定的意见，使其思想、行为与暗示者期望的目标相符合。

苏格拉底作为古希腊著名的哲学家，在引导学生接受自己的观点时，总是通过提问的方式利用强有力的"暗示效应"，让学生打破固有思维，产生全新的认知。

1. 苏格拉底问答法的"暗示效应"

在苏格拉底的问答法中，"助产术"是关键的一步，指在教学过程中，针对学生提出的问题，教师并不直接回答，而是不断地向学生提出问题，进而引导学生朝着正确的方向思考，以纠正学生之前的想法，最后得出正确的答案。下面是一段苏格拉底与他的学生讨论关于什么是善行的对话，我们可以从中感悟苏格拉底问答法是如何产生"暗示效应"的。

学生："请问什么是善行？"

苏格拉底："盗窃、欺骗的行为是善行还是恶行？"

学生："是恶行。"

苏格拉底："欺骗敌人是恶行吗？"

学生："这是善行。不过我之前说的是对朋友而不是对敌人。"

苏格拉底："照你所说，盗窃对朋友是恶行。但是如果朋友要伤害自己，你盗窃了他准备用来自伤的工具，这是恶行吗？"

学生："是善行。"

苏格拉底："你说欺骗朋友是恶行。可是在战争中，军队的统帅为了鼓舞士气而对士兵说援军就要到了。但实际上并无援军，这种欺骗是恶行吗？"

学生："这是善行。"[①]

---

① 助产术：苏格拉底的智慧 [EB/OL]. (2017-04-05) [2023-08-29]. https://zhuanlan. zhihu.com/p/26177020.

从上面的问答过程中我们不难发现，当与学生讨论善行的时候，苏格拉底并没有将善行的概念以直接解释的方式灌输给学生。因为善行的概念并非不做坏事那么简单，苏格拉底希望学生更深刻、全面地理解善行而非只是肤浅地认知。

他通过提出一个个在当时大家普遍关注的问题，使学生慢慢地理解善行和恶行并非黑白分明，而是需要视具体情况分析，这样理解善行与恶行才更加深刻。苏格拉底特别善于通过一个个层层深入的提问让学生在回答的过程中自然得出老师希望其接受的结论。

不少学员都带着经验以及对问题固有的理解而来。因此，如果我们用直接的方式亮出观点，灌输观念，那就很容易引发学员的误解、抵触，甚至对抗。

苏格拉底问答法还有一种高阶的使用方式，那就是不断向对方提出让其只能回答"Yes"的问题。

2. 提出让学员回答"Yes"的问题

很多年前知名演说家金克拉去某个城市演讲，他在那里的一家宾馆预订了客房。他原本的想法是既然房间已经预订好了，当天就可以直接入住了。可是当天他被客房经理告知由于该市这几天有全国性的重要会议，全部客房都满了，没有一间空房了。但金克拉凭借自己的经验和直觉，认为宾馆肯定会留有空房，只是客房经理不愿意给自己提供而已。

于是他打断了客房经理的各种解释，说："我能问您几个简单的问题吗？"

客房经理说："当然可以。"

金克拉："第一个问题，你是否认为自己是一个真诚的人？"

客房经理："那是当然的。"

金克拉："第二个问题，真诚的人会获得幸福，你同意吗？"

客房经理："我非常同意。"

金克拉："第三个问题，如果美国总统从外面走进来站在你的面前，表示因紧急情况需要你帮他腾出一个房间。你是不是要给他准备一个房间呢？"

客房经理："金克拉先生，我不得不实话实说。如果是美国总统来这里，那我肯定要准备一个房间，这样做恐怕你我都能理解吧。"

金克拉："你我二人都是正直诚实的人，我想和你说的是，今天美国总统并没有来，所以请你让我使用他的房间吧。"①

在这段对话中，金克拉对客房经理运用了带有"暗示效应"的引导提问，能让客房经理不停地回答"Yes"。这个故事的结局是，那天晚上，金克拉先生如愿以偿地住进了这家宾馆。

在心理学中有一个被称为"非常6+1"的现象。它指的是如果你能不断提出让对方回答"Yes"的问题，当对方连续回答了6次"Yes"之后，从下一次提问开始，对方会不由自主地进入一个连续回答"Yes"的惯性循环。

在培训活动中，针对一些容易引发学员误解或抵触的观点，我们需要学会从"直接说教"变成"暗示提问"。运用苏格拉底问答法进行循循善诱，我们能更柔性地软化学员的立场，打破其固有思维，提升他们对课程内容的认知度和接受度。

"暗示效应"的典型应用是苏格拉底问答法，而"迁移效应"的经典实践便是五星教学法。

■ "迁移效应"——新知旧知融会贯通

在教育心理学中，先行学习对后继学习的影响，被称为"迁移效应"，体现在三个方面。

先行学习 A 促进了后继学习 B 的效应，称为"正效应"；先行学习 A 干扰和阻碍了后继学习 B 的效应，称为"负效应"；先行学习 A 对后继学习 B 无任何影响，称为"零效应"。

"迁移效应"为教育培训带来的启示：在学员原有的知识储备与所要掌握的新知识之间，需要找到概念、原理的相同、相通之处。

---

① 说服力之问对问题赚大钱如何"问 yes 问题"［EB/OL］.（2020-10-07）［2023-08-29］. https：//www.sohu.com/a/422984960_414476.

1. 利用"迁移效应"整合旧知与新知

最能体现"迁移效应"的，是戴维·梅里尔博士提出的五星教学法。戴维·梅里尔博士是当代著名的教育技术与教学设计理论家、教育心理学家，也是国际教学设计领域极受人们尊敬的学者之一。

实施五星教学法，首先要帮助学员厘清旧知与新知，因为五星教学法体现的是新旧知识之间的"迁移效应"。

几乎每一个听课的学员都或多或少有自己的看法、经验等。所以我们要帮助学员找到并激活这些旧知，因为旧知有助于他们更好理解新知。同时我们要让学员理解学习的新知识不是用来更替旧知识的，而是和旧知识衔接融合，这样才能让自己更上一层楼。激活旧知这一环节通常由两个步骤组成。

一是回顾旧知：在教新知识前，我们需要帮助学员对旧知进行回顾和激活。

二是梳理知识结构：我们要帮助学员去梳理原有的知识结构，打破原有的结构平衡，形成新的知识体系。

我们可以采用提问、讨论案例、情景模拟、角色呈现等教学手段，让学员把旧知说出来、展现出来。这样我们就可以快速识别学员的旧知水平和结构，以实现回顾、梳理的目的。

当我们帮助学员把旧知系统还原之后，可以通过三个步骤把新知呈现给他们。

首先要整合旧知和新知：我们要引导学员把旧知和新知整合起来，为学员所用。这一步骤是很关键的，也是很难的，需要学员自己领悟或把握其中的尺度。

其次要演示解决办法：整合好之后，我们要演示如何用建立在旧知基础上的新知来形成解决办法，即分享如何学以致用，应用新知识、新方法、新技能等。

最后要拓展多种方案：我们在分享了新的解决办法后，要让学员进行头脑风暴，探讨对该解决办法进行灵活变通和创新升级的各种可能。

2. 完整的五星教学法与"迁移效应"

梅里尔主张在"聚焦解决问题"的宗旨下，教学应该由不断重复的四个关键步骤组成，除了激活原有知识和展示论证新知，尝试应用练习以及融会贯通掌握这两个步骤也非常关键（见图 3-4）。

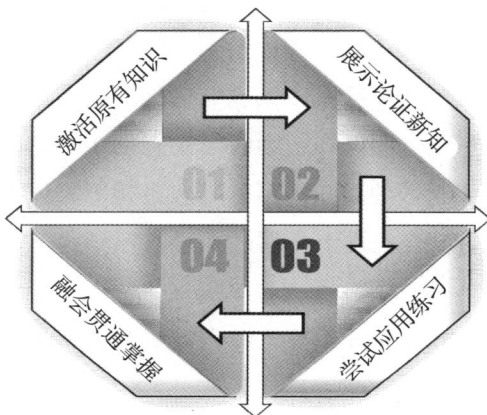

图 3-4　五星教学法的四个关键步骤

尝试应用练习需要学员在掌握新知之后通过立即演练和后续训练进行强化巩固，而"融会贯通掌握"则是指学员把新知应用在真实的生活和工作场景中。

某位销售培训师请学员们自行思考两个问题。第一个问题是 FAB（Feature，Advantage，Benefit）法则三个要素中，你在平时的销售工作中用到了哪一个，比较容易忽略掉哪一个？第二个问题是掌握了基于 FAB 法则的产品介绍方法对你的销售工作有何益处？

培训师要求大家完成思考后，每位学员在小组内分享自己对这两个问题的看法，并且每个小组派代表登台发言。培训师的做法，其实就是为了激活学员原有的知识（旧知）。

（1）激活原有知识

小组代表轮流登台分享自己对问题的看法，有的甚至还用例子论证自己的观点。大家普遍表示知道 FAB 法则，但是实际用得不怎么好，一般只是单纯向客户介绍产品的特性和优点，并没有和客户的实际利益产生关联，所以销售成功率不高。

还有的学员表示在用 FAB 法则时未能把"产品特性"转化为给客户带来的"好处和利益"，知道要表达的大概方向，但话到嘴边就是不知道怎么说出来。

（2）展示论证新知

培训师就学员分享的观点进行了点评，对他们愿意思考、勇于发言的主动性表示感谢和赞许。接下来他又花了十分钟时间，详细地讲解了 FAB 法则三个要素的内涵、特征和使用技巧。学员不仅掌握了从 F 到 A，再从 A 到 B 层层递进的关联，更理解了这种逻辑关系背后的本质是站在客户角度而非销售角度去讲解利益点。不仅如此，学员更学到了他们原先不太熟悉或比较忽视的内容。例如，B 要素可以正面说，也可以反面说：正面说指的是强调给客户带来的直接好处，反面说指的是帮助客户消除的麻烦和问题。

（3）尝试应用练习

培训师以学员所要销售的运动鞋为例，从外观、款式、面料、性能等角度，提炼了该款运动鞋的几大卖点。

他请学员以小组为单位，针对一个卖点设计基于 FAB 法则的完整话术并分享。培训师鼓励各组互相借鉴优秀话术，取长补短，最终对自己小组的成果进行优化改善。现场更是展开了"啄木鸟"竞赛，即各组挑出其他组的不足，给出改进建议。

（4）融会贯通掌握

最后，培训师要求学员结合自己实际的工作场景和客户特点，分享学习 FAB 法则的感受。他带领大家在课堂上制订了课后的 FAB 训练计划，包含训练时间、训练方式、训练目标以及训练成果要求，为期三周，并且在过程中会穿插不定期抽查和考核。

"迁移效应"提醒我们要打通新知和旧知之间的链接进行融合，而"逆向合理化效应"为我们打破或者强化学员的自我验证逻辑指明了方向。

■ "逆向合理化效应"——逆向合理正反用

当一个人某件事做久了之后，就会为做这件事找到一个合理化的解释，以此来证明自己所做的一切是正确的。在心理学中，这种现象背后反映出的原理被称为"逆向合理化效应"。比如，每天下班回家后就一直刷手机到半夜的人，可能明白这样做浪费了大把的时间，影响休息，但仍然会为自己找一个合理的理由，如"刷手机也能学到一些东西"。

在培训过程中，我们也可能发现部分学员对某些知识与观念不愿意接受，这是"逆向合理化效应"导致的。

1. 消除和破解"逆向合理化效应"的三种对策

当人们做了某件错事之后，如果不从自身寻找问题，而是四处去寻找证据来支持自己是正确的，那么他容易盲目地以为自己是正确的，从而一直在错误里打转。

同样，当讲师分享了一些有用的方法之后，有些学员会积极吸收并尝试在工作和生活中学以致用。而有些学员则会以类似于"公司资源支持不够""其他部门配合协作不够""大环境不好""现有条件不具备"等外部理由，否定讲师所教方法，否定这些方法给自己带来的收益，并暗示自己不愿意进行改变和提升是合情合理的。

这些学员往往会列举出一大堆证据，来证明自己观点的合理性。

受"逆向合理化效应"影响的学员，有些会当众表达和展现出来自己的态度，有些则会不露声色。不论是哪种情况，只要识别和判断出这种效应的负面影响，我们就要积极主动地进行消除和破解。

对于"逆向合理化效应"的消除和破解，我们千万不能用"干讲道理"和"直接辩论"的方式，因为这样反而会强化"逆向合理化效应"。举例法、数据法以及变化法才是有效的对策（见图3-5）。

例如，对于那些以"公司资源支持不够"为由而不愿意通过学习来提升的学员，我们可采用举例法、数据法以及变化法来进行引导。我们可以举出在公司里面临资源支持不够但通过自我挖潜获得巨大进步的例子，我们可以用数据来分析在该学员学以致用的过程中公司资源和支持对结果影

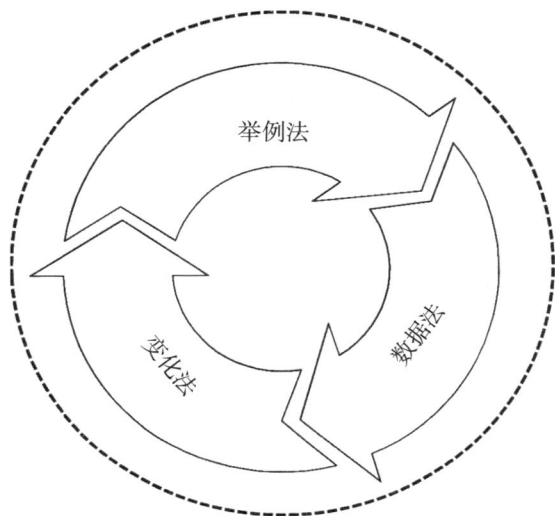

图 3-5 消除和破解"逆向合理化效应"的三种对策

响的大致占比，我们也可以告知该学员公司的资源支持也在变化中，他需要为未来的积极变化做好准备。

"逆向合理化效应"既有负面影响，也有正面影响，后者也可以被我们用来影响学员。

2. 利用"逆向合理化效应"影响学员

我们在培训的过程中，可以利用"逆向合理化效应"来提升学员的学习专注度与投入度。

比如，有的讲师会说："今天是周末，你们放弃了本该有的个人休息和家庭团聚来参加这次培训，我觉得你们付出的成本是巨大的。所以如果今天大家不能做到全力以赴，尽量多学一些，尽量多收获一些，那我们就亏大了，大家说是不是这个道理啊？"学员听到这段话后仔细一想，觉得老师的话不无道理，既然付出了周末的时间，应该有足够的学习收获才能"赚回来"。

对于特别关键的学习要点和课程内容，有些讲师会让学员用笔写下来，甚至连写两遍，其背后的原理同样是让学员加大某种付出以提升其追求更多回报的内驱力。

另外，有些企业在组织员工培训时，会要求员工自己或者员工所在部门支付一定比例的培训费用。这样做的原因之一也是希望放大员工的付出与投入以提升其对学习收获回报的渴求，本质上是对"逆向合理化效应"的应用。

第三节　改变刚性武断的灌输方式

讲师在教育培训的过程中不要以"自我"为中心，而是要以"学员"为导向，这样的教学理念讲起来很简单，但真正做到不容易。"飞去来器效应"提醒我们采用"硬灌输"的说服方式容易适得其反，"南风效应"建议我们把冰冷的负面批评变成温暖的正面引导，而"投射效应"则要求我们避免"自以为"的狭隘认知，去探询和澄清学员的真正想法（见图3-6）。

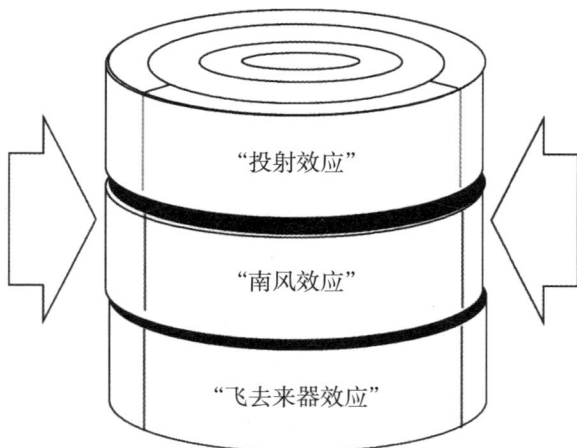

图 3-6　改变刚性灌输方式的三个心理学定律

■ "飞去来器效应"——"硬灌输"适得其反

飞去来器是指一种飞镖，原是澳大利亚原住民用来战斗和狩猎的武器，它被投出后如果没有击中目标，就能飞回原处。在心理学中，"飞去来器效应"经常用来指人们行动的结果适得其反。

如果劝说的一方在进行劝说时，没有注意到对方的实际情况及说服教育的艺术性，只是埋头从自己的立场出发，拼命鼓吹个人的思想观点，被说服者就会对其产生不信任感甚至反感。最终的结果很可能与劝说者的期望相反，双方沟通失败，劝说者反被视为用心不良，"飞去来器效应"就产生了。

在学校教育中，有时存在"飞去来器效应"。例如，有些学生为了把学习成绩提升上去，拼命熬夜学习、搞题海战术。最终毫无学习效率可言，导致考试成绩反而不如以往。

同样，在职业培训领域，个别讲师居高临下，说个不停甚至自吹自擂，本以为能赢得现场学员对自己的认可、信服、尊敬甚至崇拜。但事实却相反，这样的"硬灌输"极有可能引发"飞去来器效应"，导致学员对讲师的反感、抵触。

在观点传递和课程内容讲授的过程中，我们一定要学会识别和预判"飞去来器效应"，切不可试图强行说服学员和灌输观点，应关注以下几个方面。

1. 重要观点的重复频率

为了提升学员的重视程度和强化学员记忆，不少讲师会在培训过程中对某些重要观点进行反复提及。

这样做并非一定不好，但如果重复的频率超过合理的限度，就会引发"飞去来器效应"，使学员产生"抗拒心"和"抵触感"，令学员对讲师的观点持负面的态度。

因此，对于需多次提及的重要观点等关键内容，我们不妨在备课时事先规划好重复提及的频次和节点，以便在强化记忆效果和防止"飞去来器效应"之间找到合适的平衡点。

2. 核心要点的绝对程度

有部分讲师为了塑造自己在学员心中的权威形象，总喜欢说一些特别绝对的话，如"听我这堂课，少走三年弯路""这句话你能理解，价值百万""这个方法只要你敢用，我可以保证百分百有效""这个技巧任何场景都适用""这句话我可以说没有人不喜欢听"等，类似的表述还有很多，说这类话的人无一例外都把培训带给学员的效果绝对化了。

有些讲师喜欢使用绝对化的语句来向学员灌输自己的观点，如"所有的问题都不在外部原因，全在你们自己""能力不是关键，态度决定一切""不会讲话的人注定毫无作为""选择躺平就是无能的表现"等。

对于大多数学员而言，听到类似绝对化的武断表述，或多或少都会产生程度不一的抵触、反感甚至厌恶。

因此，我们需要掌握表达的尺度和分寸，以避免"飞去来器效应"的发生。有一种推荐的技巧便是使用"绝对化+相对化"的双联表达，即先把观点"绝对"地说出来然后进行"相对"补充。

例如，运用双联表达，我们可以把"这个方法只要你敢用，我可以保证百分百有效"变成"这个方法只要你敢用，我可以保证百分百有效。如果有例外的话，那说明你遇到真正的对手了"；也可以把"能力不是关键，态度决定一切"变成"能力不是关键，态度决定一切，因为我相信你们的能力都没问题"；更可以把"这句话我可以说没有人不喜欢听"变成"这句话我可以说没有人不喜欢听，除非有人故意和你抬杠"。

3. 习惯用语

讲师中有一部分人为了引导学员认同和接受自己的观点，会使用一些习惯用语，如"大家说是还是不是""听懂的给掌声""是不是这个道理啊""同意的，举手"。

这些习惯用语或许对一些资历浅的学员起到某种程度的引导和暗示作用。但对于具备相当职业资历的学员而言，这些在培训中反复出现的习惯用语，简直是"噪声"。他们甚至会觉得这是对自己的不尊重，极有可能触发"飞去来器效应"。

我们要在准确评估学员群体学识层次的基础上，有效调整可能引发不良效果的习惯用语，尽可能优化自己的培训用语。

除了以上三个方面，还需要注意的是，即便已经产生了"飞去来器效应"，我们也不要惊慌，不必急于解决，更不能强行灭火。

例如，在讲课中因输出某个过于绝对的观点导致现场学员喧哗与起哄时，我们绝对不能因此而恼怒并与学员产生冲突，否则极有可能产生严重的后果。我们可以通过"暂停培训提前课间休息""讲个故事缓解气氛""自嘲以赢得同情""鼓励表扬持不同意见的学员"等方式化解掉可能会发生的冲突。

"飞去来器效应"提醒我们在培训中要避免"用力过猛"而产生负面影响，"南风效应"则启发我们如何有效使用柔性的说服力和积极的引导力。

■ "南风效应"——"软说服"和风细雨

法国作家让·德·拉·封丹曾写过一则寓言，讲的是北风和南风比威力，看谁能把行人身上的大衣脱掉。北风首先发威，冷风凛凛，寒冷刺骨。行人为了抵御北风的侵袭，反而把大衣裹得紧紧的。南风则徐徐吹动，顿时风和日丽异常温暖。行人因为觉得很暖和，所以开始解开扣子，继而脱掉大衣。结果很明显，南风获得了胜利。封丹写的这则寓言其实就是"南风效应"这一心理学定律的出处。[①]

"南风效应"给人们的启示是：在试图说服和改变他人时，要特别注意方法。北风和南风都想让行人脱掉大衣，但由于使用的方法不一样，结果大相径庭。在教育培训中，对于学员的观念引导和行为感召，我们也需要尽量采用"南风效应"而非"北风效应"。

1. 用"南风效应"提升学员对教学内容的接受度

在培训过程中，遇到有些学员对讲师所讲授的知识、观点和方法不接

---

① 心理学效应之九十二：南风效应［EB/OL］.（2021-11-27）［2023-08-29］. https：//zhuanlan. zhihu. com/p/438450946.

受、不理解和不认可，其实在所难免。有个别学员可能当众打断讲师的讲
解，公开发表不同观点，甚至向讲师发出挑战。

在这种情况下，部分讲师的应对就好似北风。他们往往站在"老师"
的制高点上，居高临下地反驳学员的观点、指出学员认知的狭隘，甚至和
学员展开激烈的辩论，争得面红耳赤。但这样极有可能加剧讲师与学员的
冲突，引起更多其他学员加入"反对讲师阵营"，甚至会造成严重的师生
冲突，引发教学事故。

而那些教学经验丰富的讲师，则会采用"南风效应"来对学员进行柔
性说服和引导，并且他们的具体行为可以总结为值得我们借鉴学习的"南
风效应"使用三部曲（见图 3-7）。

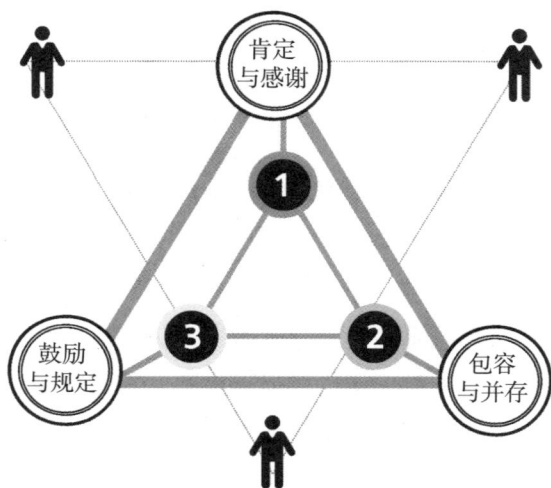

图 3-7　"南风效应"使用三部曲

（1）肯定与感谢

首先，对于向自己"吹北风"的学员，我们要主动向其"吹南风"，
即对他勇于发表自己观点的行为表示肯定，对其不"人云亦云"的学习态
度表示认可。我们还可以对这些学员为自己提供不同教学视角、帮助自己
丰富课程内容的做法表达感谢。

（2）包容与并存

紧接着，我们不用刻意去反驳学员的观点，并不需要竭力证明只有自己讲的内容才是唯一、正确的答案。优秀的讲师会把自己的观点和学员的观点整合起来，并告知大家它们其实并不对立，只是在不同情景、条件和视角下得出的不同结论，是可以并存的。必须指出的是，讲师不能为了刻意迎合学员而在现场否定自己的观点，在培训过程中不断否定自己的讲师会丧失学员的信任，使得后续的挑战越来越多。

（3）鼓励与规定

最后，我们需要当着所有学员的面，表明对这类持不同观点并敢于挑战权威的行为的欣赏。这样做不仅不会降低讲师在学员心中的人格魅力，还有可能弱化其他学员当众挑战讲师的意愿。

与此同时，我们要对学员提出不同意见的方式、场合、时间等进行规则性约定。比如，发表不同意见前先举手，个性化问题最好在课间休息时与讲师私下交流，等讲师把某个知识点全部讲完后再提出挑战性观点等。

2. 用"南风效应"去感化和带动后进学员

在任何培训课堂中，最让讲师感到棘手的往往是那些后进学员。他们游离在课堂之外不愿意融入，玩手机、接打电话，或者进进出出不遵守课堂纪律，甚至诱导其他学员给讲师制造麻烦。

有些讲师为了严正课堂的纪律和树立自己的威严，喜欢用"吹北风"的方式管控课堂的不良行为。例如，他们会针对课堂纪律制定非常严厉的惩罚措施，对课上违纪的学员用收手机、扣分、罚款、上黑名单、点名批评甚至公开通报的方式进行管控。然而这些做法不仅会让课堂的气氛非常压抑，拉远了讲师与学员之间的距离，而且容易激发学员的逆反心理，导致"发泄式对抗"等现象出现。

教育家陶行知在担任小学校长时，有一次看到一个小男孩用泥块砸班上的同学。他立马制止了小男孩，并且要小男孩放学后去校长室一趟。

小男孩怀着忐忑不安的心情来到校长办公室，本以为等着他的会是一顿批评。没想到陶行知却掏出了一块糖给他，还说："这是奖给你的，因为你按时来到了这里。"接着他又掏出了一块糖果，告诉小男孩："这块糖果也是奖给你的，因为当我让你不要再这样做时，你立刻就停手了，这说明你很尊重我。"小男孩很诧异，眼睛瞪得大大的。

谁知陶行知又掏出了第三块糖果，说道："我调查过了，你之所以会砸那些同学，是因为他们不遵守游戏规则，欺负别人。你砸他们，说明你很正直善良，有跟不良行为斗争的勇气。"

听到这里，小男孩很感动，他流着泪告诉陶行知："校长，你打我两下吧，我错了。我砸的不是别人，而是自己的同学啊。"①

想象一下，如果陶行知采用的不是"刮南风"的引导方式，而是劈头盖脸一顿批评，那这个孩子的未来会怎么样呢？他有可能从此被贴上"坏孩子"的标签，甚至自暴自弃。

陶行知是深谙"南风效应"的，他的做法为我们树立了极好的榜样。对于后进学员吹向我们的寒冷"北风"，我们要学会反其道而行，用温暖"南风"来回应他们。

在培训中，我们可以通过点头微笑、眼神肯定等方式向后进学员表达关怀、重视。

除此之外，我们要为后进学员创造更多能让其表现自我、赢得认可、获得加分和奖励的机会，这也是"南风效应"的常用做法之一。

"南风效应"提醒我们要避免以"负面"应对"负面"而导致的双输结果，"投射效应"则告诫我们在培训过程中不要"以己度人"。

■ "投射效应"——"自以为"易生偏差

"投射效应"，指的是人们习惯于把自己的好恶、想法等，像个投影仪似的直接投射到别人身上，认为别人也有同样的感受和认知。换句话说，"投射效应"就是拿自己的评判去衡量别人，拿自己的喜好去分析别人，拿自己的标准去要求别人。

我们在培训中也会经常受到"投射效应"的影响。不少讲师在讲课时

① 陶行知最经典的教育故事，你都听说过吗？［EB/OL］.（2020-06-09）［2023-08-29］. https：//www.sohu.com/a/400622512_680907.

对某些知识点或细节从不加以说明和解释，认为这是十分简单的道理，应该不用多讲或展开。

"这点我相信大家都很清楚，我就不展开了""这些常识我相信大家应该都懂吧""如果没问题的话我就讲下一节了"，这些学员经常听到的表述背后就是"投射效应"。在很多时候，站在讲师角度看起来很简单的知识，对于学员而言则未必。

自身认知和阅历越狭隘的讲师，越容易产生"投射效应"。他们会倾向于按照"自己是怎么想的"来设想"学员是怎么想的"，而不是站在学员的立场进行客观理性分析和评价。

而那些经验丰富的讲师则都非常重视对"投射效应"负面影响的规避，他们会站在学员的角度来审视知识点的讲解深度与精度，其中"探询+厘清"则是他们常用的核心技能。

1. 提升"探询+厘清"技能

有位主讲领导力的老师在给某企业中高层管理者授课的过程中，不断提及和强调"闭环""赋能"等管理概念，总计不下几十次。在他的认知中，"闭环""赋能"等管理理念应该是参加培训的资深管理者耳熟能详的，因此没有必要对此展开讲述。

但在课后的学员回访和复盘中，该企业的培训经理发现这批参加培训的学员对于上述管理理念究竟指的是什么，具体包括些什么，根本没有清晰认知。不同学员的理解千差万别，而且几乎没有人能简明扼要地说出"闭环""赋能"等概念的准确内涵和具体指代。

另一位业内知名的领导力专家，在培训时同样会提到这些管理概念。所不同的是，他会先站在学员角度抛出探询性问题并鼓励大家展开讨论：我们反复强调的"闭环"究竟指的是什么？我们天天挂在嘴边的"赋能"究竟是对下属赋什么"能"？

当他发现课堂现场大部分学员对"闭环"和"赋能"认知模糊，只知其概念不清其内涵时，他觉得有必要帮助学员厘清内涵。他告知学员所谓"闭环"指的是领导者为下属的正确执行界定了四条清晰的边界，它们分别是结果、限制、权限和时间，而下属的具体行动落在四条边界之内就形成了执行的"闭环"。他用"总结归纳"的方式告知学员领导者对下属的赋能具体包括四个维度：赋职能、赋动能、赋才能以及赋效能。

"探询+厘清"能帮助我们避免因"投射效应"而产生认知盲区，驱动我们和学员在视角和理解上保持一致。

2. 认知上的"投射效应"vs 情感上的"投射效应"

对于讲师而言，在认知层面的"投射效应"会严重影响其对知识点的讲解深度和准度，而在情感层面的"投射效应"则会导致其在教学上产生不良偏好。

比如，某些讲师会在课上经常叫自己喜欢的学员回答问题，这就是典型的"情感投射"。曾有一位讲师在半天内先后 9 次叫某学员回答问题。当助教在课间休息提醒他时，该讲师很诧异地说："真的吗？我自己居然一点也没有意识到！"

另外有些讲师对课堂中参与度低、积极性差的学员，会产生情感上的偏见。他们会习惯性地认为这类学员"不好学""缺乏上进心"以及"没有培养前途"，其实这些极有可能是情感上的"投射效应"所产生的主观判断。如果讲师能克服和消除情感上的"投射效应"，主动和这类学员沟通、交流，那他们很可能会得出完全不一样的结论。

第四章

培训课堂现场管理与场域营造

第一节　配搭利于群体学习的课堂角色

在培训中，原本是个体的学员被关联组合在了一起，奇妙的化学反应就会产生。他们彼此间的角色搭配和互动关系，极大地影响了每个学员的学习收获以及整场培训活动的效果。

如果把作为个体的学员比喻成一块块散乱的"积木"，那他们之间的角色关系就决定了整个培训集体会被搭建成怎样的"形状"。

学员个体与课堂整体的搭配，其效果在很大程度上取决于我们对四个心理学定律的洞察、掌握、借鉴和运用，它们分别是"答布效应""羊群效应""异性效应"以及"鲇鱼效应"（见图4-1）。

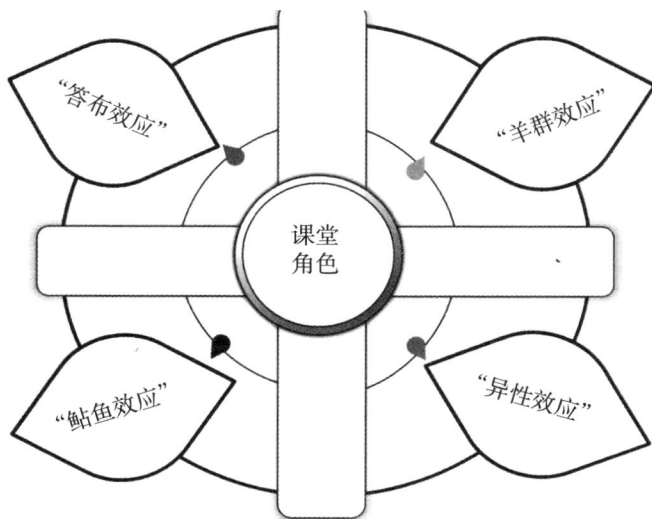

图4-1　与学员个体和课堂整体的搭配有关的四个心理学定律

■ "答布效应"——重置预设角色

在社会的大舞台上，每个人都扮演着一定的角色。那么，每一个人所展现的角色行为，又是被什么影响的呢？

据研究，由于原始社会的科学文化水平低，当时人们对所谓的神怪有一种禁忌心理。人们认为如果触犯禁忌，便要蒙受灾害，故而必须远远地躲避它们、敬畏它们。由这种认知所形成的社会习俗，就是"答布"。而当时的文化发展水平也使人们初步认识到作为参加社会活动的个体，其行为必须服从一定的法则、规范，这便是"答布效应"的由来。

"答布效应"作为一种社会心理学的效应，还有另一种称谓——"角色效应"。在现实生活中，人们以不同的社会角色参加各类活动，这种角色不同而引起的心理或行为变化则被称为"角色效应"。

一个人的角色形成在很大程度上取决于身边其他人对其的"角色期待"。

我们要在培训活动中准确识别学员对自己的"角色预设"和"角色定位"，并对他们的角色认知进行适度"修正"甚至全面"重置"。

1. 识别学员的"角色预设"

不少学员参加培训时都是带着自己的职场或其他外部角色而来的，而其中不少角色对培训而言往往是起负面作用的。例如，有些人认为自己是领导，因此参加培训不愿意和他人交流，不愿意参与讨论，不愿意回答问题，把自己的角色定位成"观察者"。有些人则认为自己资历太浅，希望保持低调，不想被他人关注，把自己的角色定位成"游离者"。有些人则会带着明显的偏见来参与培训活动，把自己的角色定位成"仇视者"。甚至有些人因为认知偏差，把培训活动当成对自己的"洗脑"，因而他们有可能会把自己的角色定位成"破坏者"。

2. 促使学员进行"角色重置"

这些预设好的角色一旦被带进培训现场，就会对学员自身和周围人的学习状态产生极大的负面影响，让整场培训受到干扰。因此，我们应该竭尽所能地促使学员实现"角色重置"以及为他们提供"新角色"的赋能。

在不少培训活动中，无论是组织者还是讲师本人都非常重视"开营破冰"，甚至有些培训活动会提前一天举行专门的"开班仪式"。"开营破冰"的本质，其实就是打破参训学员负面的"角色设定"，并为他们赋予更加积极的"新角色"。

在人与人之间的接触交往中，一个人一般能与 5 到 8 个人产生较密切的互动。因此"角色重置"的第一个任务就是"化大为小"，把全部参训学员群体划分成更小的团队（分组）。有分组的培训相比没有分组的培训，学员的参与度要高出一大截。通过分组，学员的角色就会从"课堂集体的一员"变成"所在小组的一员"。

除此之外，我们需要对学员重新进行角色定位，目的是以新角色来替换旧角色。例如，每个小组中都可以设置不同的职能角色："举手先锋"出手迅速，专门负责为小组争抢答题互动的机会；"讨论主控"沉稳淡定，专门负责在交流讨论环节掌握局势；"文艺主播"活泼欢快，专门负责挖掘和发挥小组成员才艺，并争取各种才艺秀的机会；"拉拉队长"激情四射，专门负责为小组成员的优异表现摇旗呐喊，加油鼓劲；"男女主角"则经常代表全体小组成员登台展示、呈现小组智慧成果。

可以根据这些全新的课堂角色制作贴纸，直接贴在对应学员的身上展示给他人，让其快速进入新角色。

3. 实现负面角色"有效屏蔽"

一旦我们预判课堂现场的部分学员带着预设的负面角色而来，我们就要有针对性地进行"角色屏蔽"。比如当我们发现有些学员带着"观察者""游离者""仇视者"或"破坏者"的角色进入课堂，我们完全可以在培训开始阶段就预告性地公布出这些角色的"画像"描述，并通过正面引导的方式让相关学员主动放弃这些预设的角色。

举例而言，我们可以有目的地对那些融入课堂后快速实现"角色切换"并放弃负面角色的学员提供某种特定的奖励，这就是正面引导的做法。

在"角色重置"的过程中，除了"答布效应"外，我们需要充分借鉴和融合三个重要的心理学定律，它们分别是"羊群效应""异性效应"以及"鲇鱼效应"。

■ "羊群效应"——善选"头羊"带动

"羊群效应"原指动物在迁徙、觅食等重大活动中习惯于跟随领头者的一种现象。羊群是一种很散乱的组织，平时在一起也是盲目地左冲右撞。然而一旦有头羊动起来，其他的羊会不假思索地一哄而上，可能全然不顾前面可能有狼或不远处有更好的草。

延伸至人类，"羊群效应"指在一个群体内的个体在观念或行为上表现出的一致性程度，个体普遍存在跟从大众的思想或行为。因此"羊群效应"也被称为"从众效应"。

"羊群效应"对于培训活动中的"角色重置"极具启发性。培训组织者和讲师需要精准识别参训的学员中哪些人是能带动和影响其他人的"头羊"。

一旦识别出真正的"头羊"，我们可以对其委以"助教""班长""组长"等管理和协调的职责，让他们承担起调动全体学员参与性和积极性的任务。但如果我们选错了"头羊"，那其对整个培训学员集体的带动和影响效果不仅远低于预期，甚至可能会为我们制造麻烦。

1. 寻找"三类领袖"

很多人往往误以为，培训集体或学习小组中资历最深、职位最高、年龄最大的那位，肯定是最佳的"头羊"人选。但在很多时候，这类资深的学员未必一定适合当"头羊"。或许是因为他们相对内敛不喜张扬，或许是因为他们与其他学员有上下级关系需要保持距离感。

"意见领袖"一般指那些在职位、资历、能力等方面比较有优势的人，而"个性领袖"则是指那些性格活泼，外向开朗，爱表现，有感染力，能影响带动其他学员的人。除此之外，有一类人叫"关系领袖"，是那些和其他学员关系融洽、比较熟悉，特别能赢得他人配合与支持的人（见图4-2）。

最佳的"头羊"一定是三类领袖的复合体，既是资深专业的"意见领袖"，又是开朗外向的"个性领袖"，同时是人缘极好的"关系领袖"。事实上，只要能符合三类领袖中的两个，基本就属于合格的"头羊"。

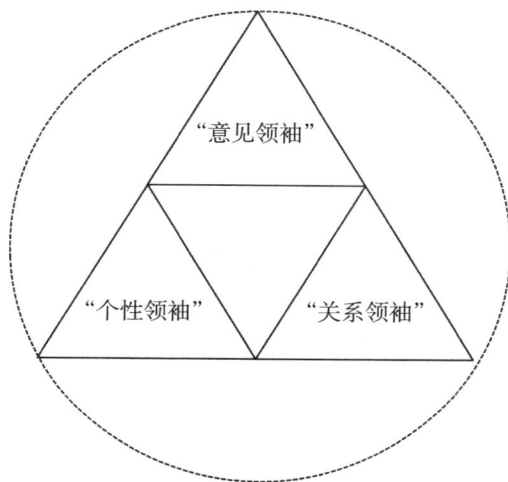

图 4-2　三类领袖

2. 提升"头羊"的影响力

针对培训活动的"头羊"，我们不仅要委以职务，还要进行专门辅导，告知其需要承担的责任和完成的任务，以更好发挥其影响力和引领作用。

有些培训组织者或讲师甚至会制作好"助教须知""班长任务卡""组长工作清单"等说明工具，让"头羊"快速理解自己扮演的角色和需要配合的事项。这样做能极大缩短"头羊"从"开始进入角色"到"逐步适应角色"再到"熟练发挥影响"的成长周期。

甚至有些培训活动的"头羊"是事先早就已经确定好的，培训组织者和讲师与"头羊"之间进行了充分前期沟通、事先指导，甚至提前彩排。

3. 防止"黑羊"的副作用

"羊群效应"既可以是正面积极的，也可以是负面消极的。在心理学中，能起到正面示范和积极作用的人被称为"白羊"，而起负面示范和消极作用的人则被称为"黑羊"。我们不仅要精确识别出"黑羊"，而且要为之设置更积极的角色。

例如，在某一个小组当中，一旦"白羊"被委任为组长，那"黑羊"

则有可能因为感到不被重视而故意影响其他成员。针对这种状况，我们可以为他设置对应的"虚拟职位"，以提升其被重视感、荣誉感和积极性，如"监督员""发言人""小组代表"等，这些"虚拟职位"给予"黑羊"更大的认可和更多的激励，促使其实现"角色重置"，愿意在小组交流展示中扮演更积极的角色。

在培训活动的角色设置中，除了"羊群效应"外，我们不能忽略"异性效应"可以发挥的神奇魔力。这个效应看似人人都懂，但在很多情况下没有得到真正重视和足够关注。

■ "异性效应"——男女搭配互补

"异性效应"是普遍存在的，这种效应表明有男女共同参加的活动，较之只有同性参加的活动，参加者一般会感到更愉快，干得更起劲，表现更出色。

我们在组织和安排培训活动时，也要充分参照"异性效应"的积极影响，并通过优化男女比例，促进男女思维互补等做法把这一效应的正面效果发挥到极致。

1. 优化男女比例

任何一场培训活动的效果或多或少受男女学员的人数比例影响。一般而言，如果男性较之女性人数占有优势，更能激发学员的参与互动热情。参与培训的男性学员会在异性面前踊跃表现自我，积极展示自己，培训活动的氛围相对而言会比较热烈一些。

如果男性学员与女性学员的人数相近，那效果就稍次之。如果女性学员占比高，男性学员占比低，那整体效果就更次之。如果是清一色男性学员或者清一色女性学员，则效果最差。当然这不能一概而论，只是在很多时候都呈现这一规律。

在课堂培训中当我们要对学员进行分组时，如果每个小组的男女搭配能尽量参考上述规律，那培训过程中学员之间的化学反应就会最好，彼此的互动交流程度就会最高。

2. 促进男女思维互补

男女搭配能产生更多的互补和协同。通常，男性学员在思维方式上偏重于抽象化，概括能力较强；女性学员在思维方式上更多倾向于形象化，观察细致，富有想象力。因此男女个体在一起学习就可能相互启发，使思路更加宽阔，思维更加活跃，观点相互启迪，往往能触发更多智慧的火花。

"异性效应"让我们深刻理解了男女搭配的重要性。另外，我们进行培训课堂"角色设置"时更需要引入一个重要的心理学效应——"鲇鱼效应"。

■ "鲇鱼效应"——竞争激发活力

在诸多心理学定律中，"鲇鱼效应"应该是知晓度比较高的一个。渔民每次出海归来时，捕获的大部分沙丁鱼都因窒息而死，无法卖上好价钱。为了提升沙丁鱼的存活率，渔民绞尽脑汁，最终想到了一个办法。他们在装满沙丁鱼的鱼槽里，同时放进几条鲇鱼。当鲇鱼横冲直撞时，原本死气沉沉的沙丁鱼会为了保命而加速游动，从而保持了旺盛的生命力。

"鲇鱼效应"告诉我们这样一个道理：活力来源于竞争，来自压力和挑战。一个人没有了竞争的压力，就会故步自封，失去上进心。只有保持一定的竞争意识，始终不敢放松，才能保持努力和成长。

在培训过程中，相对封闭的培训空间，相对冗长的培训时间，相对固定的培训节奏，会导致学员活跃度下降，专注力消退，参与度降低，兴奋感消失，学员如同"鲇鱼效应"中的沙丁鱼。

正因如此，引入"竞争机制"对于提升培训过程中学员的活跃度与兴奋度是必不可少的，设置竞争角色也是非常关键的一环。

我们总是想办法去激发学员的"好学心"，然而激发"好学心"需要各种前提条件，有时候是很难实现的。相比而言，学员的"好胜心"则更容易被刺激和引导，更容易被用来提升他们的学习动力与参与度。

在培训过程中，我们采用的竞赛方式，除了分组竞赛、结对竞赛和个人竞赛，也可以包括虚拟竞赛。

1. 分组竞赛

分组竞赛是以分组的形式实现小组与小组之间的学习竞赛，这种方式能极大提升每个学习小组内部的凝聚力，让小组成员为了本组的荣誉奖励努力参与互动。这种竞赛方式配套的教学工具有小组积分卡、小组计分筹码、小组计分榜、优胜小组配套荣誉、优胜小组奖品等。

2. 结对竞赛

结对竞赛是学员随机结对并互相竞争，结对成员每过一个阶段需要进行调整。结对竞赛打破了固定的小组设置，能不断制造新鲜感和提升活跃度。最终的奖励既可以颁发给优秀的结对成员，也可以给颁发给优秀的个人。

3. 个人竞赛

个人竞赛以选出一定数量的优胜者为竞赛机制，比如选出前 3 名、前 5 名、前 7 名等，所有入围的优胜者皆有荣誉奖励。当然个人竞赛所选出的优秀个人可以由不同的评价维度所决定，如"最佳表现奖""进步最快奖""最具活力奖""最佳支持奖"等。个人竞赛设置的奖项越多元，覆盖面越广，学员的参与度也会越高。

4. 虚拟竞赛

虚拟竞赛是指讲师可以在某些互动环节告知全体学员外部其他团队或个人在这方面的最佳成绩，鼓励大家齐心协力，共同去挑战这一纪录。当然，我们可以提前准备一些其他团队或个人的图片和视频，以增加可信度，刺激学员的挑战欲望。

打过保龄球的人都知道，在每个保龄球道的上方，都展示着过去在这个球道曾经打出的最高分纪录。这就会让站在这个球道的人，内心产生努力去打破纪录的渴望。而这背后其实就是通过虚拟竞赛激发出人的活力和激情。

第二节　营造培训课堂场域

　　场域可以被定义为在各种位置之间存在互动和影响关系的一个整体网络或空间。培训的课堂其实就是一个特点鲜明的场域，场域的好坏直接影响着学员对课堂现场的适应度、舒适度和感知度。

　　场域既可以是客观的物理层面的，也可以是主观的心理层面的。"刺猬法则""标签效应""焦点效应"以及"镜像效应"能在培训课堂的场域营造方面带给我们极其有益的启发和借鉴（见图4-3）。

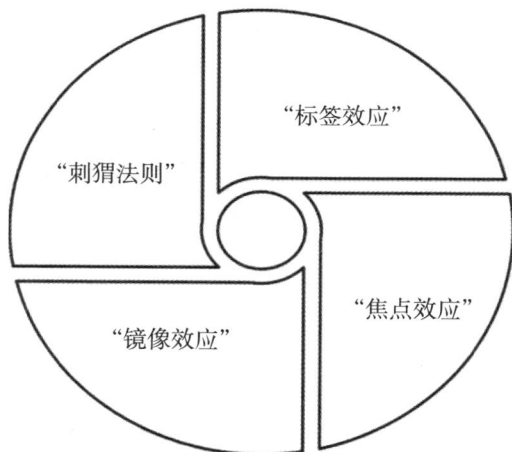

图4-3　与营造培训课堂场域有关的定律

■ "刺猬法则"——优化空间距离

　　有这样一个实验，一个大阅览室中仅有一位读者时，心理学家走进去直接坐在他身旁，来测试其瞬间的反应。因为被测试者不知道这是在做实验，所以会默默起身远离并选择较远的位置坐下，还有的人会气愤地质问："你想干什么？"这个实验一共测试了85个人，得到的结果都一模一样：在一个仅有两位读者的空旷阅览室中，任何一个被测试者都无法忍受一个陌生人紧挨着自己坐下。①

这个实验反映出的是一个重要的心理学法则——"刺猬法则"。"刺猬法则"说的是这样一个十分有趣的现象：在一个寒冷的冬季，两只困倦的刺猬因为冷紧紧靠在一起，但由于它们身上长满了刺，如果紧挨在一块就会刺痛对方，反倒睡不安宁。因此，两只刺猬很快就分开了一段距离，可是实在冷得难以忍受，便又靠在了一起。如此折腾了好几次，最后它们终于找到了一个比较合适的距离，既能够相互取暖又不会被扎。②

"刺猬法则"表明，人与人的交往也需要适度距离和安全空间。如果将之借鉴到培训中，那么讲师和学员、学员和学员，也应该保持"亲密有间"且"远近适中"的合适距离，这对于课堂氛围的营造和场域的建设非常重要。

当然"刺猬法则"中所提到的距离，在培训课堂中既可以指空间距离，也可以指心理距离。

1. 优化空间距离

在培训课堂中，我们可以通过桌椅布局、讲台位置、走道宽度、学员密度等方面的调整来优化空间距离。

不同的培训课对空间距离会有不同的要求。"体验型"以及"演示型"的培训课程，需要学员之间、学员和讲师之间有更近的空间距离。因此，这类培训往往不会采用传统的圆桌或者鱼骨布局。针对此类培训，我们可以采用 U 形座位布局，即讲师站在中间的形式，也可以撤掉桌子只留椅子围成圆圈，更可以把教室分成前面听课区和后面活动区两个部分。无论采用哪种方式，其关键就是拉近讲师与学员以及学员与学员之间的空间距离。

"方法型"以及"策略型"的培训课程，则需要学员和讲师、学员与学员之间有适中的空间距离。这类培训通常会采用圆桌或者鱼骨布局，以

---

① 刺猬法则［EB/OL］.（2023-08-30）［2023-08-31］. https：//zhuanlan. zhihu. com/p/652289581.

② 同①.

小组为基本单位。这类培训经常需要各小组进行交流讨论共创，因此通常需要有足够的桌面空间。除此之外，这类培训也可以采用在各小组所在位置旁边放置白板的方式。一旦需要交流讨论、输出成果，小组成员立刻起身围绕在白板周围进行探讨互动。

对于"方法型"和"策略型"的培训课程，小组之间需要拉开一定的空间距离，以免相互干扰。而讲师在授课时一般会站在第一排和投影屏幕之间的讲台区域，也会经常边讲边往各小组的位置靠近，因此培训教室需要留出足够宽的走道空间。总体来讲，这类培训课程所需的空间距离要比"体验型"与"演示型"课程的更大一些。

对于"宣讲型"或"灌输型"的大型培训活动，我们则需要把讲师和学员之间的空间距离拉得相对更远一些。一般而言，这类培训活动所需的会场空间不仅要大，而且要有足够的层高。讲师站在高大的舞台上，背后有巨大的液晶屏，会给下面听课的学员一种极具气势和威严的感觉。讲师一般不会特意走下舞台和学员拉近空间距离，因为这类培训需要的是"距离产生威严"以及"距离产生敬仰"。

当然，空间距离的大小不是固定的。我们在培训中，也需要借助"刺猬效应"来准确评估现场学员最能接受的"舒适距离"。如果发现"距离"似乎太远了，缺乏足够的"温暖"，我们就需要主动通过座位布局、走动区域、空间位置、学员间距等方面的调整拉近距离。

反之，如果发现培训现场的空间距离似乎太近了，学员产生了不适感和压抑感，那我们就需要主动调整拉远距离。

2. 平衡心理距离

有位讲师曾在某次培训师沙龙中做过这样的分享：他看起来属于那种特别好说话的那种人。刚接触培训这类工作时，他觉得自己一定要和学员打成一片。他当时认为只有这样培训起来才比较好调动课堂气氛，才会有更好的效果，所以私下他也和学员保持比较随意的互动。

但是事与愿违，情况并不是他想的那样。学员在上课的时候不好好听讲，他们觉得"我跟老师熟，现在听不听无所谓，课后可以单独去问老师"。但是课后他们将学习抛之脑后，等到检验培训效果的时候情况可想而知，培训的组织者很不满意。

之后他总结了一下，抛却其他客观因素，主要原因就是没有很好地和学员保持一个适当的心理距离。这会导致学员忽视了他是一名老师，忽视了他是在给学员传授专业的知识，导致学员把他的授课当作可有可无的交流。

这位讲师的分享和感悟，指向的是"刺猬效应"带给我们的另一个启发——识别和保持最合适的心理距离，尤其是讲师和学员之间的心理距离。

作为讲师，既要让学员有亲近感，消除隔阂，又要保持一定的距离感，赢得尊重，这种心理距离的平衡是每个优秀讲师都需要掌握的基本能力。

优秀讲师善于通过"幽默搞笑""分享私人故事""课间一对一交流"甚至"个人才艺展示"等方式和手段拉近自己与学员之间的心理距离，让学员快速喜欢和认可自己，消除彼此的隔阂与生疏。

与此同时，他们会通过严明课堂纪律、严格奖罚、严肃点评纠正等方式，始终与学员保持足够的心理距离，让学员对其产生足够的敬畏、尊重和信赖。

不仅如此，很多优秀讲师都擅于根据对心理距离的评估来快速有效调整和优化课堂氛围。当他们发现自己的某个幽默互动引来全场肆无忌惮的喧哗时，他们会立刻切换到严肃的表情，重申课堂的纪律。当他们发现自己抛出的某个热点话题引发学员们乐此不疲讨论时，他们会立刻喊出倒计时，要求全场安静，并快速把话题切换到课程相关知识点的总结和回顾。当他们发现有个别学员自由散漫时，他们会在课间、课后找该学员进行约谈。

"刺猬法则"指导我们更加准确地调节"距离感"，而"标签效应"则让我们学会如何在学员的内心建立"磁场"。

■ "标签效应"——运用标签引导

在第二次世界大战期间，美国心理学家在所招募的一批行为不良、纪律散漫、不听指挥的新士兵中做了如下实验：这批新士兵被要求每月向家人写一封关于自己在前线如何遵守纪律、听从指挥、立功受奖等内容的信。结果，半年后这些士兵发生了很大的变化，他们真的像信上所说的那样去努力了。

上述实验表明，人一旦被打上了某种标签，就会不自觉地使自己的行事风格与这个标签趋向一致，这在心理学中被称为"标签效应"。①

"标签效应"也可以被借鉴和应用到培训现场的课堂管理中去。经验丰富的培训组织者和讲师，都特别擅于为学员个体或群体设置"标签"，并通过"标签设定"来引导和规范学员的思维和行为。

1. 为班级贴上"标签"

我们可以为培训班级贴上某种特别的"标签"，以让其成员产生归属感、独特感甚至尊荣感。例如，有位培训总监在一次开班仪式上当众表示："我们这个班是此次系列培训的第一期班，因此在座各位都是师兄、师姐，我们要为此后的师弟师妹树立最佳的典范，成为他们学习的标杆。"

另有一位培训组织者在课堂上对学员们说："我们这个班级是集团各条线抽调出来的精英组成的，是最强的阵容。如果说其他培训班是普通班，那我们班则是精英班，我希望每个人都能拿出精英级的表现。"

有位擅于激励人心的讲师在一次培训开始后不久对全体学员说："你们是我做培训师十年以来所见过的最有活力的一批学员，希望大家一起把活力保持下去。"

另有一位讲师则对学员们说："这门课程我一直上的是标准版，但你们的优秀表现让我觉得有必要给你们直接上升级版。"

以上各种说法虽然角度不同，但究其本质都是给整个班级和学员贴上鼓舞人心的"标签"。一旦这个"标签"通过反复提及被学员接受和认可，学员就会不自觉地规范和管控自己的言谈举止和行为表现，以更快更好更准地向"标签"靠拢。

---

① 值得我们阅读思考的"标签效应"[EB/OL].（2019-08-02）[2023-08-31]. https：//www.sohu.com/a/331064163_120065545.

培训课堂上的"标签化管理"也可以针对学习小组。在培训开始后的小组成立环节，取组名和设口号是常见的做法，优秀的讲师也会利用这个环节为小组贴上对应的"标签"。

2. 为学习小组贴上"标签"

有位特别喜爱武侠的讲师，会让各小组用武侠小说中所认可的门派作为小组的组名，并且要其现场分享这个门派的团队理念。取名少林的小组把"武林正宗、永远第一"作为自己的"标签"，取名"天地会"的小组把"顶天立地、敢于担当"作为自己的"标签"，取名"全真教"的小组把"真诚待人、用心做事"作为自己的"标签"。这种做法和阿里巴巴让核心管理人员取一个武侠人物的名字作为自己花名具有异曲同工之妙，本质上都是用所贴的"标签"来规范和引导人的言行。

有些讲师会让各小组用历史人物、野生动物、电影或歌曲名称等取名字以及设口号。不管采用的是哪种形式，其背后的用意都是从"标签"中抽取理念和价值观，以之规范和引导学员的自我认知和行为举止。

3. 为个人贴上"标签"

在必要的情况下，我们也可以让每个学员为自己贴上独特的"标签"，比如，我们可以要求学员在讲义的第一页上写下：我是全场最……的人。

当然，讲师本人的"标签"是否鲜明独特对能否塑造整个培训课堂的良好氛围也很重要。讲师一定要设定好自己的标签，并且努力为这个标签积累有说服力的素材、资质和证明。

讲师的"标签"可以来自所获得的荣誉奖项，可以来自发表的作品，可以来自过去辉煌的职业生涯经历，可以来自出色的范例和客户口碑，可以来自独特的授课风格，可以来自优秀的道德品质，还可以来自其他方方面面。但最重要的是"标签"必须鲜明独特，能做到用一两句话描述就让学员产生深刻印象。

"标签效应"通过为学员贴"标签"而营造让其自我驱动的氛围，而"焦点效应"则会告诉我们在培训课堂中有些学员希望成为焦点，而有些学员抗拒成为焦点。

■ "焦点效应"——调节焦点强弱

心理学家托马斯·吉洛维奇做了一个实验,他让一位康奈尔大学的学生穿上某名牌 T 恤,然后进入教室。穿 T 恤的学生事先估计会有大约一半的同学注意到自己的 T 恤。但是,最后的结果让人意想不到,只有23%的人注意到了这一点。① 这个实验说明,我们总认为别人会对我们的穿着打扮言行举止倍加注意,但实际上并非如此。由此可见,我们对自我的感觉往往占据了我们世界的重要位置,我们会不自觉地放大了别人对我们的关注程度,并且高估自己的突出程度。

"焦点效应"也叫社会焦点效应,主要指人们高估周围人对自己外表和行为关注度。"焦点效应"意味着人们往往会把自己看作一切的中心,并且直觉地高估别人对自己的注意程度。

在培训活动中,"焦点效应"既有积极的一面,也有消极的一面。对某些学员而言,"焦点效应"需要被强化,而对另一些学员而言,"焦点效应"应该被弱化。我们应该敏锐地评估课堂的整体氛围和学员的心理特征,以精准地对"焦点效应"进行调整。

1. 通过物理环境调整"焦点效应"

无论是培训管理者还是讲师,都需要在培训课堂的现场布置、氛围设置和人员配置等方面充分借鉴"焦点效应"。

对于那些爱表现、比较外向、希望得到关注与尊重的学员,我们需要强化其在现场的"焦点效应",让其成为全场的焦点。这类学员在"焦点效应"下会表现得异常兴奋,参与感极强,有强烈的表现欲,乐于展示自己和与人交流。

而对于那些比较内向、喜欢安静、不爱被人关注和成为焦点的学员,我们需要弱化其在现场的"焦点效应"。这类学员在"焦点效应"下会变得不够自然、比较拘束、过度紧张,甚至产生抵触和抗拒心理。

---

① 如何认识焦点效应:人人都想以自己为中心 [EB/OL]. (2023-04-28) [2023-08-31]. https://zhuanlan.zhihu.com/p/625562892.

通过学员座位的调换等手段，我们可以审时度势地进行"焦点效应"调整。

越是活泼外向的学员，其座位可以离讲师更近一些，即尽量安排在前排就座。越是内向安静的学员，其座位则尽量离讲师远一些，即尽量安排在中后排就座。

一旦发现部分外向活泼的学员因为坐在靠后位置而导致"焦点效应"严重不足，而有些内向安静的学员则因坐在前排而显得局促压抑时，我们就需要通过对他们座位的调整来实现"各取所需"。

当然，通过改变物理环境来调节"焦点效应"的做法还有很多，如调节培训教室灯光明暗、温度高低、空间大小等。越是专业的培训管理者和讲师，对"焦点效应"的认知就越深刻，运用就越精妙。

2. 通过改变互动形式调节"焦点效应"

除了改变物理环境，我们也可以通过改变互动形式调节"焦点效应"。

不管是哪种学员，在培训过程中我们都需要通过各种互动来调动其积极性。但是，互动的形式需因人而异，以针对性强化或弱化"焦点效应"。

对于部分爱表现、比较外向、希望得到关注与尊重的学员，我们需要多采用一些能让他们展示自我的互动形式。登台演示、角色扮演、案例分享、小组呈现、作为学员代表发言，甚至担任讲师的现场助教，这些互动形式会让此类学员在培训中释放自己的天性，激发自己的潜能，点燃自己的激情，成为全场的焦点，我们可称之为"大互动"。

对于部分不爱表现、比较内向、不想被人关注和受到瞩目的学员，我们则需要多采用一些不给其过高压力、让他们有心理安全感的互动形式。让这类学员回答问题时我们可允许其使用"举手""点头""鼓掌"等方式。即便是开口回答，我们也可以允许他们坐着回答而不必站起来。在小组内部交流讨论时，我们需要避免让他们成为小组的"发言人"，而应安排他们担任小组的"书记员""编剧"等角色，主要负责整理和汇总小组讨论的成果。总而言之，要尽量降低这类学员的"焦点效应"，尽可能针对他们采用"小互动"和"集体互动"。

不仅如此，我们在和学员进行互动时，要密切关注"焦点效应"对学员的影响效果，以随时调整互动形式。

当某位学员在代表小组发言时异常兴奋，特别活跃，甚至向现场其他学员主动邀掌声，那就代表该学员特别享受"焦点效应"。在这种情况下，我们可以考虑改变互动形式，比如，邀请该学员到讲台上进行分享，或让该学员用角色扮演的方式来进行呈现汇报等。

同样，当某位学员在代表小组发言时有些窘迫紧张，局促不安，甚至说不出话来，那就表明该学员不太适应"焦点效应"。我们同样要考虑改变互动形式，以削减"焦点效应"的不利影响。我们可以让该学员坐下来回答，或者可以让其他学员先回答最后让该学员回答。我们也可以采用该学员挑选一名搭档协助其回答，或该学员展示书面答案等其他形式。

除了物理环境调整和互动形式改变，我们还可以探索和创新出更多调节"焦点效应"的方式。当然，在掌握"焦点效应"的基础上，我们也需要学会利用"镜像效应"来改变学员的自我认知。

■ "镜像效应"——树立有益镜像

在某丛林中生活着一个部族，这个部族对待犯错误的人有一套独特的方法。

如果部族里面有人犯了什么错，族长就会把部族的人聚集到一起，对犯了错的那个人进行夸奖，所有人尽可能描述他做过的好事，通过夸奖来让其知道别人眼中的自己是怎么样的，让其找回自信，重新认识自我。之后部族还会举行仪式典礼来庆祝人们知错就改。这种方式，让这个部落的人很少再犯错。

这个例子告诉我们，人们对自我的认知有一部分是建立在他人身上的，而且在不知不觉中，他人的看法有时候对自己的影响还是特别大的。

人们把别人对自己的态度当成一面镜子来照出自己的形象，并由此而形成自我认知，这在心理学中被称为"镜像效应"。

在培训开展的过程中，我们完全可以利用"镜像效应"来改变学员的自我认知，进而影响学员在课堂中的表现。

1. 制造有利于优化学员行为的镜像

当向他人表达一个观点时，如果你在说话时微微点头，对方更有可能赞同和接受你。你发出积极的信号，人们更有可能反馈给你积极的信号，这也是"镜像效应"在心理学中的某种体现。

对于那些缺乏自信甚至有些自卑的学员，我们需要给予更多眼神关注，不时投以微笑和点头。这会让学员从我们设置的镜像中看到一个获得认可的自己，看到一个更自信的自己。这种通过镜像看到的自我会极大影响学员接下来学习的积极性和主动性。

对于那些不太合群、游离在外的学员，我们则可以通过动员其他学员主动与其交流、对其嘘寒问暖、邀其参与讨论、为其表现点赞等方式，让这类学员从身边其他学员构成的镜像中，看到一个受人欢迎的自我，看到一个被集体喜爱的自我，看到一个在和他人交流中找到快乐的自我。

对于那些过度自负、特别张扬的学员，我们可以通过引导他们把表现机会谦让给其他学员，鼓励他们做其他成员的幕后参谋，推动他们成为课堂中的组织者与协调者等方式，让这类学员从我们和其他学员构成的镜像中，看到一个更谦卑低调的自我，看到一个乐于成就他人的自我，看到一个既有实力又会做人的自我。

而对于那些不太遵守课堂纪律的学员，我们可以通过委任他们为培训现场的纪律监督员，委托他们制定培训课堂的规则，委派他们向其他学员宣布课堂纪律，以及让其他违纪学员到他们那里接受教育等方式，让这类学员从镜像中看到一个更加尊重规则、重视纪律、严格守纪的自我。

2. 识别需要打破的"不良镜像"

不少学员在培训课堂中的欠佳表现，很可能来自容易被我们忽视的"不良镜像"。透过这些"不良镜像"，学员看到的都是对学习专注度和培训参与度产生不利影响的自我。

在这些"不良镜像"中，讲师本人首先要审视自己的表现。如果讲师在面对学员时表现出高傲、冷漠和敷衍，那么学员从这个镜像中看到的是一个不受欢迎、不被认可，甚至受到歧视的自我。

如果讲师的培训内容和授课方式特别枯燥、乏味、无趣，那么学员从这个镜像中看到的是一个不专注、无耐心、很烦躁、情绪压抑的自我。

如果讲师在面对学员时过度迎合包容、特别卑微不自信，那么学员从这个镜像中看到的或许是一个傲慢、自负、恃强凌弱的自我。

作为讲师，一旦意识到学员有可能透过我们的表现映射出的镜像产生了不良的自我，就必须有针对性地进行改变，以打破学员心中原有的镜像，塑造全新的镜像。

学员产生"不良镜像"的来源，除了培训讲师，或许还可能是同一小组的其他学员，或者还可能是在现场旁听的上级领导，或许还可能是作为主持人的培训管理者，或许还可能是课堂中的其他人。

第三节　实现防微杜渐的课堂管控

培训的课堂恰似一个微型的社会，考验着讲师和培训组织者的"治理水平"和"管控能力"。在这个微型社会里，负面行为或许会很快引发群体效仿。因此我们需要特别关注"波纹效应"并阻断其扩散，同时我们需要积极借鉴"热炉效应"以实现有效管控（见图4-4）。

图4-4　帮助实现有效课堂管控的两个心理学定律

■ "波纹效应"——阻断波纹扩散

"波纹效应"原本是一个物理学现象，指的是两个重叠的线条形态在产生相互干扰之下，会生成一种波纹团。

在学校教育中，如果老师对有影响力的学生施加压力和惩罚，或采取讽刺、挖苦等损害人格的做法时，可能会引发全体学生与老师对立和抗拒的现象。

实际上，"波纹效应"的产生不仅仅是因老师对学生批评和惩罚，其背后还有更深层的原因。当老师对学生进行批评的时候，如果选择的是某类存在感较弱的学生，则大部分其他学生不会对这样的行为有多大抵触。

但是当老师批评的学生，是在学生群体当中具有较强影响力和存在感的人，那其他学生就容易产生反感，并采取一系列对抗行为。这类学生在某种意义上可以被称为"意见代表"。

在企业培训和成人教育中，学员作为成年人自尊心更强，敏感度更高，讲师的一些轻微批评或告诫很容易引起其心理上的不适和抵触。

对学员的回答给予中肯评价、对落后的小组进行提醒督促、对不佳的表现提出改进建议、对学员的作业进行严格点评，这些都是讲师在培训活动中正常的教学举措和专业行为。但对部分成人学员而言，来自讲师的意见、建议、提醒、督促等都可能被视作针对自己的惩罚。

正因如此，我们在公开批评学员时，需要尽可能避开"意见代表"，以防"波纹效应"的产生。

1. 识别和避开"意见代表"

一般而言，某一班级中什么性格特征、情绪状态和课堂表现的人能成为"意见代表"，可以基本反映出整个学员群体处于什么样的层级当中。

如果某个班级的"意见代表"是品学兼优的学员，那么整个学员群体的学习氛围和现场表现就会处于比较良好的层级水平中。

但是，有时那些个性张扬、自由散漫、不服从规则、喜欢挑战权威的学员更容易成为"意见代表"。

从"波纹效应"的产生原理和发展影响来看，如果讲师对"意见代表"进行了一定程度的打压和当众批评，其实就相当于对全体学员施加了一种心理上的压力。

因为大部分学员在心理上是比较接受"意见代表"的某些行为或态度的。至少在他们看来，"意见代表"能为自己争取来一定的好处或者在心理上带来安全感。但当讲师对"意见代表"进行批评，其他学员就会不自觉地将讲师的批评态度转嫁到自己身上去，从而使自己内心对讲师本人产生不断增加的反感和抵触。

因此，我们在公开场合进行批评等时，需要尽量避开"意见代表"，这样做的目的就是防止"波纹效应"快速发酵。针对"意见代表"，我们需要尽量通过"私下沟通""一对一沟通""保密型沟通"等方式来进行教育，以降低这类学员和其他学员之间负面情绪的快速串联和"波纹化"。

2. 快速阻断波纹的扩散

当我们对某位学员实施了批评等行为，哪怕力度再小，也要随时观察整个课堂中其他学员的情绪变化和后续反应，以防"波纹效应"的产生和扩散。

一旦识别出"波纹效应"发酵的征兆和迹象，我们需要立刻采取行动进行阻断，以切断波纹的连续扩散。奖罚平衡、先抑后扬、躬身入局、三换调停，这些都是阻断"波纹效应"的有效方式（见图4-5）。

（1）奖罚平衡

当我们对某个学员的不良行为进行批评后，为了阻断"波纹效应"的发酵，我们可以随即找出该学员的某个优点或正面行为给予奖励。通过奖和罚的平衡，让学员感到被尊重和认可，这样可以极大降低"波纹效应"传播的概率。

（2）先抑后扬

在提问回答、案例交流或者角色演绎等环节，当我们指出某个学员表现中的不足、错误之后，也要肯定和赞扬其可取之处与闪光亮点。通过"抑"和"扬"的平衡，让学员的负面情绪得到释放和安抚，这样也可以防止"波纹效应"的快速发酵。

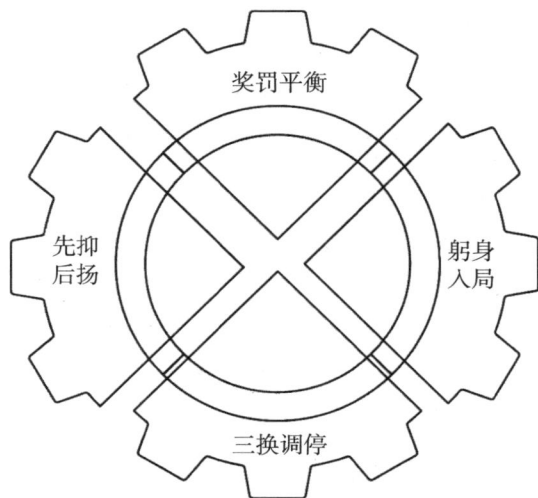

图4-5　阻断"波纹效应"的四种方式

（3）躬身入局

当我们不得不对某位"意见代表"提出批评时，可以顺带向其提出免于处罚甚至获得奖励的条件，并且这个条件一定是和有效阻断"波纹效应"相挂钩的。比如，协助讲师维持课堂纪律；做出某些积极表率；协助讲师完成某些教学活动等。所谓躬身入局，就是指"意见代表"在讲师引导下亲身介入"波纹效应"的阻断。

（4）三换调停

一旦我们发现"波纹效应"已经开始快速发酵，现场有其他学员为被罚学员"伸张正义"。那么我们不能机械地"陷入僵局"，而是可以通过"三换法"进行策略性调停。

"三换法"的第一换是"换话题"。讲师为了缓和气氛、缓解冲突，可以暂停课程既定内容的讲解，和学员们聊一聊能让大家安静下来并转移注意力的话题，如时事热点、个人家事、幽默故事、奇异见闻等。

"三换法"的第二换是"换空间"。讲师可以打乱现有的座位顺序、重组小组，甚至可以把学员召集到教室外，利用空间的转换让大家做一些放松身心的活动。

"三换法"的第三换是"换时间"。讲师可以提前中止培训活动，宣布课间休息。在休息期间，讲师需要找被罚学员进行谈心、安抚，赢得其理解、配合和支持。

掌握了"波纹效应"的基本原理和应对策略，我们同时要借鉴"热炉效应"背后的规律和特征以对培训课堂实施更有效的管理。

■ "热炉效应"——约定负面清单

不少培训组织者和讲师都会在开课前和学员进行"约法三章"，即提出一些纪律方面的要求和约定。但坦率来说，有些"约法三章"形同虚设，流于形式。出于各种原因，有些讲师往往对违背与破坏这些约定的个人或现象给予宽容甚至纵容。这样做不仅会破坏课堂的纪律，干扰授课的进程，也会让讲师本人的威信受到极大挑战和质疑。

真正控场能力强的培训组织者和讲师，则会把"约法三章"升级为负面清单。与普通的"约法三章"相比，负面清单因为能产生强大的"热炉效应"，所以会对学员产生更强的约束力。

1. "热炉效应"的特征

"热炉效应"对课堂纪律和学员行为的强大约束力，主要源于其以下三个特征。

（1）警示性

一个烧得火红的热炉放在面前，有常识的人不用手去摸也知道炉子是热的，是会灼伤人的，这就是警示性。培训组织者和讲师需要通过口头或书面的方式在培训过程中不断提及负面清单，让负面清单的每一条内容都深入人心。有些培训组织者甚至还会把负面清单做成易拉宝，放置在课堂最醒目的位置。这样可以让学员产生心理上的预警，尽量不去触犯负面清单所列事项。

（2）一致性

不管是谁，只要用手碰到热炉，肯定会被烫伤，这就是"热炉效应"的一致性原则。这里所指的一致性分两层含义，第一层含义是"说到做到"的一致性，第二层含义是"人人平等"、没有例外的一致性。

有些资深的讲师为了彰显负面清单的权威性，会故意自己违反规则，然后当众惩罚自己，以彰显"说到做到"以及"人人平等"的一致性原则。

另外，对触犯负面清单者的处理手段最好能兼顾教育性和人性化。比如，有些讲师把对触犯负面清单者的处理分为多个"频道"。"文艺频道"指的是触犯者需要当众表演才艺，获得掌声方能罢休。"体育频道"则指触犯者需要当众接受做俯卧撑、站指压板等体力挑战，达到标准才算通过。

（3）即时性

有些讲师对于触犯负面清单的学员，表面上说要尽快处罚，但最终拖拖拉拉，不了了之，这就违反了"热炉效应"的即时性原则。

任何人触碰到热炉时，即刻会被烫伤，这就是热炉效应的即时性。对触犯负面清单的学员的处理必须在错误行为发生后立即进行，决不能拖泥带水，决不能有太长的时间差。即便因为课程内容连贯性的原因暂时推迟处理，也需要即刻约定处理的时间。

2. 负面清单的"三强"设定

在设定负面清单时，如果真正希望其能起到约束学员、净化氛围、助力培训的效果，我们则需要尽可能做到如下"三强"。

（1）针对性强

很多课堂规矩之所以流于形式，是因为针对不同培训课题、不同学员群体、不同课堂规模、不同场地条件，所设立的规矩都是一模一样的。换言之，负面清单在设定时不能千篇一律，而是要加强针对性。

培训组织者和讲师需要结合每次培训学员的群体特征和职业特点，设定有针对性的负面清单。

比如，在销售类培训中最容易发生的是业务人员课上接听客户电话，因此"培训期间不许接听电话"必须成为业务类培训负面清单上的核心规定，并且讲师要特意安排相对充裕的课间休息来满足业务人员和客户通话的需求。

又如，针对年龄偏大的学员，培训组织者和讲师需要预防个别学员昏昏欲睡，影响周边学员，因此可以考虑把"不许现场打瞌睡并影响他人"设定为负面清单的其中一条。

负面清单的内容不宜太多，一般而言每场培训负面清单有三条内容即可，但这三条都必须具备较强的针对性。

（2）滚动性强

在培训中，如果培训组织者或讲师发现了预设的负面清单没有覆盖的负面行为和不良现象，则负面清单内容可以适当增加。

换句话说，负面清单不是固定不变的，而是随着新问题的出现而滚动更新的。即便如此，一堂培训课程负面清单的内容也不能太多，最好不要超过五条。

（3）迁移性强

如果某些学员对负面清单带给自己的处罚不以为然，甚至不以为耻反以为荣。那么培训组织者和讲师就要加强负面清单的迁移性，即个人一旦触犯负面清单会影响同组的其他学员或课堂上的全体学员。

这种影响多种多样，可以是该学员所在小组全体接受相关处罚，如该学员所在小组被扣分降级或剥夺某个资格（某阶段无法评优）。也可以是整个班级所有学员一起接受某个处罚。

第五章

深度学习思考与深刻记忆

第一节　诱导深度学习与专注思考

在培训活动中，学员能否产生深刻的认知和触动，取决于他们是否进行了足够的深度思考。很多培训活动虽然气氛很活跃、过程很快乐、体验感上佳，但自始至终学员的大脑基本处于浅层思考。基于浅层思考的学习收获在培训结束后会很快消失，并且对学员视野的扩展、观念的改变、认知的触动和行为的改变帮助非常有限。

这就好比去电影院看"爆米花型"的电影，虽然过程非常愉快，但看完后过了几天基本忘记得一干二净，没有留下太多痕迹。而那些能被称为"佳片"的经典电影，则会让人在观赏的过程中得到思考、启发和触动，在大脑中留下挥之不去的深刻印象，甚至对世界观和人生观产生重大影响。

为了在培训活动中有目的地促使学员深度思考，我们可以借鉴以下五个心理学定律，以创新更丰富更独特的教学手法，它们分别是"空白效应""酝酿效应""贝勃定律""莫扎特效应"以及"鸡尾酒会效应"（见图 5-1）。

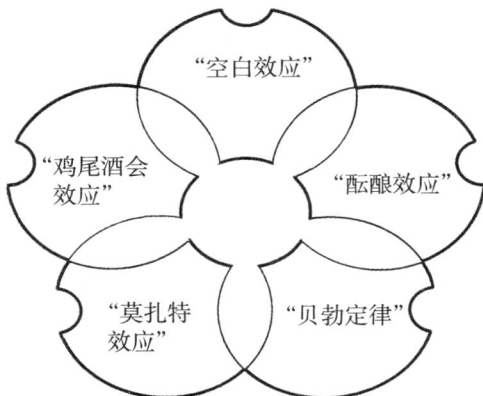

图 5-1　实现深度思考的五个心理学定律

■ "空白效应"——特意留出空白

在心理学中有个定律叫"空白效应",大意是说一幅作品要留给观众想象的空间,才能达到恰到好处的效果。"空白效应"用通俗的话来讲就是做任何事情都要懂得留白。

在培训过程中,适当地留一些空白,不仅能取得良好的互动效果,更能引发学员的积极思考,这就是"空白效应"在培训中的实践应用。"空白效应"给我们的启示是,要把留白作为一种重要的教学手段,把学员从被动的浅层思考带入主动的深度思考。

事实上,人的大脑存在舒适区。如果所有内容都由讲师讲出来,所有问题都由讲师回答,所有悬念疑点都被提前揭晓,那学员的大脑就会进入相对懒惰的舒适区。大脑会被动地接收信息,而不愿意主动进行信息捕捉、分析、修正,即深度思考。

因此,适当的留白在教学中的作用是显而易见的。我们可采用的留白方式多种多样,比如,讲解的留白、答案的留白、学习资料的留白、思考的留白、行动的留白、批评的留白(见图5-2)。

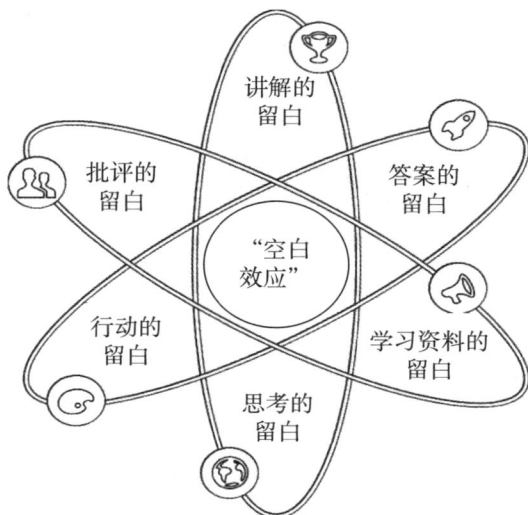

图5-2 培训中留白的六种主要方式

1. 讲解的留白

针对某些需要深度思考和深刻分析的问题，我们可以暂时不表明自己的观点，而是先鼓励学员去想、去表达、去辩论、去尝试分析。那些妙语连珠、舌灿莲花甚至整场培训话不停歇的讲师，虽然提供的信息量很大，但因为没能制造足够的留白，导致学员缺乏思考，反而无法产生足够的刺激和共鸣，无法留下深刻的印象。

2. 答案的留白

当我们向学员答疑解惑时，不一定非得强调给出的答案为唯一的标准答案。我们可以让学员以该答案为基础，进一步分析这个答案有哪些优点或缺点，这个答案最佳的适用场景是什么，这个答案有哪些变通的例外，以及还有没有更好的答案。

3. 学习资料的留白

一般而言，每个学员都会拿到一份印有当天课程内容的讲义，这是很多培训活动的标准配置。但实践表明，讲义内容越全面、完整，和讲师实际讲授的内容越一致，越会使学员在讲师讲解时失去新鲜感和好奇心。因此，不少"懂行"的讲师会在提供给学员的书面讲义上进行留白处理，即故意在关键地方隐去某些关键词、关键数据、关键结论，目的是引起学员的探究欲，激发大脑的活跃度。同时，学员看了讲义后产生初步认知与判断，经过讲师的讲解后会产生新的认知，进而进行更有质量的深度反思。

4. 思考的留白

我们也可以对学员安排思考方面的留白。在快节奏的培训进程中，我们不妨停止教学活动和沟通交流，专门安排一个数分钟的冥想时刻。在舒缓的音乐下，在安静的环境中，在更暗的灯光里，学员闭上眼睛，在讲师的指引下"放空自己"，围绕某一个主题展开漫无边际的联想和深度的探索。

5. 行动的留白

行动的留白是指把本来应该由讲师完成的教学，转变成由学员代替完成。例如，讨论的点评和纠错、单元的回顾复盘、案例的分析和提炼等，都可以让学员替代完成。

6. 批评的留白

我们也在可以批评方面进行留白。在对某些学员进行善意的批评时，我们需要点到为止，然后特意留出一点时间让学员反思。我们通过批评的留白，有时候反而能让学员对自己的问题反省得更加深刻。

当然，培训过程中留白的方式还有很多，但其基本原理和目的都是通过留白引导学员主动思考，以避免大脑的懒惰。"空白效应"让我们明白了在培训中留白的好处，而"酝酿效应"则将指引我们如何让学员从逻辑思维进入直觉思维。

■ "酝酿效应"——创造直觉顿悟

在古希腊，一个国王让人做了一顶纯金的王冠，但他怀疑工匠在王冠中掺了银子。可问题是这顶王冠与当初交给工匠的金子一样重，谁也不知道工匠到底有没有捣鬼。于是国王把这个难题交给了阿基米德。

为了解决这个问题，阿基米德陷入了苦思冥想。他起初尝试了很多办法，但都失败了。当陷入思维的困境时，他决定先不去想了。有一天他洗澡时，一边坐进澡盆一边看到水往外溢出，同时感觉身体被轻轻地托起。于是他恍然大悟，运用浮力原理解决了国王给他的难题。[①]

不管是像阿基米德一样的科学家还是其他各行各业的从业者，人们都可以发现"把难题先放在一边，过上一段时间后，说不定突然能得到满意的答案"这一现象。在心理学中我们将这一情况称为"酝酿效应"，阿基米德发现浮力定律就是"酝酿效应"的经典故事。

在日常生活中，我们常常会对一个难题束手无策，这时思维就进入了"酝酿阶段"。当我们抛开面前的问题去做其他事情时，百思不得其解的答案却突然出现在我们面前，令我们忍不住发出惊叹，这时，"酝酿效应"

---

① 阿基米德与酝酿效应 [EB/OL]. (2019-11-02) [2023-08-31]. https：//zhuanlan. zhi-hu. com/p/89755869.

就绽开了"思维之花",结出了"答案之果"。我们常说的"山重水复疑无路,柳暗花明又一村",正是这一情况的真实写照。

心理学家认为,在酝酿的过程中存在潜意识层面的推理,储存在记忆里的相关信息会在潜意识里进行组合。人们之所以在休息的时候突然找到答案,是因为个体消除了前期的心理紧张,忘记了前面不正确的、导致僵局的思路,就具有了创造性的思维状态。

意大利文艺批评家贝奈戴托·克罗齐指出:人的知识有两种,一种是直觉的,一种是逻辑的,前者是"从想象得来的",后者是"从理智得来的"。直觉是人脑某种迅速而直接的洞察和领悟,在教学中对学员直觉的培养可以说是培训活动的极高境界和重要目标。各行各业最优秀的人才,几乎都有非凡的直觉。很多领域伟大的创造,也和直觉密切相关。

能否让学员的思维从逻辑思维进入直觉思维,是衡量学员对培训内容是否进行深度思考的重要标志之一。

对此,我们可以充分利用"酝酿效应",并借助"否极泰来"的教学手法,以实现学习过程中学员思维的升华。

1. "否极泰来"三步骤

"否极泰来"这一教学手法的使用,一般而言可以分成三个循序渐进的步骤。

(1)制造"否极"

首先我们需要设置好培训活动中的"否极"点,即某个让学员陷入苦苦思考却不得其解的挑战。在这个时候学员把逻辑思维运用到了极致,但难以得到满意的答案。他们的思维会进入兴奋、焦虑、失落等多重状态组成的"关隘",但这个"关隘"始终无法突破。

(2)设置"泰来"

接下来我们需要快速制造"泰来",即让学员从思考的困境中走出来。"泰来"的方式有很多,可以是中止培训,享用美味的茶点;可以是暂停讨论,欣赏某位学员的才艺表演;可以是走向室外,呼吸新鲜空气,欣赏美景;可以是提前下课,改日再讨论;可以是插入一个让人心情愉悦的暖场活动等。"泰来"的目的是让学员暂时忘掉难题,让思维彻底放松。

（3）酝酿直觉

最后，在时间、空间、氛围、节奏、情绪、心境等要素改变后，学员们再回来思考、分析和讨论之前的情境、案例和问题，他们豁然开朗和顿悟的概率会大幅度提高，而这种豁然开朗和顿悟对学员提升思维和改变认知是极其深刻的。

2. "否极泰来"两误区

当然，运用"酝酿效应"创造直觉和顿悟，需要避免两个常见的误区。第一个误区是学员尚未达到"否极"状态就过早地切换到"泰来"状态。比如，很多学员对问题的思考、讨论等尚未进入佳境，还处于比较初级的阶段，讲师就过早地安排休息或其他形式的放松活动。这就是所谓的"否极"不够、"泰来"过早。

第二个误区是"否极"已经到了极限，学员产生了巨大的焦虑感、挫折感、疲惫感和困顿感，这个时候讲师依然没有制造"泰来"，即通过放松、调整节奏，实现"张弛有度"。在这种情况下，过度"否极"会导致学员逆反、焦虑、厌恶和不自信，产生与讲师预期相反的效果。

运用"酝酿效应"，通过"减压"和"放松"让学习成长实现"柳暗花明"式的突破，而"贝勃定律"则可以帮我们通过不断加强的学习刺激来达到深度思考和系统思考的目的。

■ "贝勃定律"——提升刺激深度

有人做过一个实验：一个人右手举着300克的砝码，这时在其左手上放305克的砝码，他并不觉得有差别，直到左手砝码的重量加至306克时才会觉得有些重。

但如果右手举着600克的砝码，那这个人左手上的重量要达到612克才能让其感觉更重。换句话说，原来的砝码越重，后来就必须加更大的重量才能让其感觉到差别。

这个实验揭示的是一个叫"贝勃定律"的心理学定律。"贝勃定律"指出，就心理感受来说，当人经历强烈的刺激后，之后给予的刺激对他来说感觉就不明显了，即第一次较强的刺激能缓解第二次较弱的刺激。

如果我们换个角度思考，"贝勃定律"也表明如果要给人更深的印象和更强的惊喜，那么后面的刺激一定要比前面更强烈。如果后面的刺激和前面的一样甚至更弱，那么"贝勃定律"就会发生。

在培训活动中，学员很容易在学习时陷入思维的倦怠，对教学的内容产生麻木感和疲惫感。即便是有所思考，也可能是浅层、碎片的思考，而非深度、系统的思考。事实上，如果学员在整个学习过程中接收到的刺激深度不够，比较平淡，并且后续的刺激相比前面的刺激无法做到不断增强，就会导致"贝勃定律"的产生，类似的学习倦怠也在所难免。

培训组织者和讲师在每次培训前都要客观评估参训学员的认知水平和过往学习经历，尤其是同类课题的培训经历。这样做的目的是诊断和分析学员在本次培训主题范围内以往的"受刺激程度"，以便有针对性地进行各种能实现"深度刺激"的教学计划准备。

很多人总是习惯性地认为，在培训中给学员更强的刺激，无非就是把课程内容做得更加新鲜、多样、丰富以及与众不同。但在实际操作中，我们针对学员施加培训的"深度刺激"是可以多方面的，强化学习刺激具体可包括内容、标准、有形、压力以及演绎五个方面（见图5-3）。

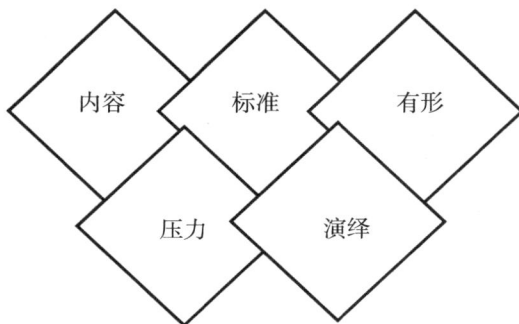

图5-3 强化学习刺激的五个方面

1. 通过内容强化刺激

在内容上强化刺激，指的是我们和学员分享更多让他们感到新鲜的培训内容以产生足够的学习刺激和深度触动。在这一维度上，我们需要在培训内容上不断迭代、丰富，不断推陈出新，以避免老生常谈，避免让学员觉得千篇一律、索然无味。

2. 通过标准强化刺激

即便是同样或相似的培训内容，如果我们的讲解能做到更透彻、深入、实用、精准、有启发性，那学员可以通过标准维度得到深度刺激，这同样可以引发其深刻思考，避免"贝勃定律"的发生。

3. 通过有形强化刺激

在内容和标准维度不变的情况下，我们可以在培训形式和学生的体验形式上进行创新，让形式更新颖、更独特，体验更别具一格。这里形式可以指"教学形式"，如案例讨论、视频呈现、角色扮演、头脑风暴、沙盘演习、小组竞赛、情景模拟等。形式的创新也可以指在"教学空间布局"和"培训会场布置"等方面的推陈出新和不断变化。比如，同样是案例讨论，可以采用学员围成一个圆圈，讲师在圆圈中间的"指挥式"；或者小组成员全部站在白板前集体共创的"阵地式"；或者小组自由寻找教室内外合适场地进行交流的"游击式"。

4. 通过压力强化刺激

我们给学员施加不同的压力，产生的刺激程度也是不同的。很多优秀的讲师都是"压力设计"的高手。每当他们觉得培训氛围散漫，学员注意力不集中时，他们就会开启"施压行动"。比如，在讲解内容时告诉学员稍后马上会有练习和作业，请大家认真仔细聆听；在互动讨论时限定学员的时间，并运用倒计时的方式提升紧迫感；在下一环节开始前通报对接下来表现不佳学员的配套"惩罚"；在某些学员学习状态不佳时靠近这些学员作出提醒。

5. 通过演绎强化刺激

演绎考验的是讲师本人的表达水平和台风魅力。同一首歌由不同歌手演唱，听众的感觉是完全不同的；同一个相声曲目，不同相声演员的表演带给观众的欢乐程度是不一样的。因此讲师在声音、内容、肢体语言等方面的综合表现，决定了演绎能给学员带来什么样的刺激。

总体而言，只有在五个方面中的一个或者多个上创造出超越学员原有学习体验的"深度刺激"，才能让他们持续深度思考、持续深度学习和持续产生深度感悟。当然，学员在培训现场的深度学习和深刻思考也离不开播放背景音乐等辅助方式的配合，而这就是"莫扎特效应"带给我们的启发。

■ "莫扎特效应"——驱动全脑思考

1993 年，加利福尼亚大学尔湾分校的戈登·肖教授进行了一项实验。他让大学生在听完莫扎特的《D 大调双钢琴奏鸣曲》后马上进行空间推理的测验，结果发现大学生们的空间推理能力明显提高了。戈登·肖教授将这种现象称作"莫扎特效应"。①

"莫扎特效应"启发人们从多个角度思考促进脑功能发展的途径和方法，并使人们日益认识到欣赏音乐等传统上被视为"休闲"的活动在大脑的潜力开发中可能具有一定的价值。

在戈登·肖教授发现了"莫扎特效应"以后，他的团队又对小学生进行了类似的实验。实验团队让一组小学生在钢琴训练后玩一个数学游戏，让另一组小学生在英语训练后再玩这个数学游戏。实验结果发现，先进行钢琴训练的小学生的数学游戏成绩要比先进行英语训练的好。

"莫扎特效应"带给我们的启示是，在教育培训中很有必要使用一些类似播放音乐的辅助方式让处于深度思考的大脑更加放松。"放松休闲"和"专注学习"不仅可以共存，而且可以相辅相成。

1. 发挥音乐对学习的辅助效果

几乎绝大部分优秀的讲师都有自己专属的音乐库。他们会在培训活动的不同环节和阶段，播放不同的音乐，目的是利用"莫扎特效应"来提升学员的大脑活跃度和思维兴奋度。

例如，培训开场时播放激情活力的音乐，案例讨论时播放舒缓轻松的

---

① 有趣的心理学现象：莫扎特效应［EB/OL］.（2023-05-16）［2023-09-01］. https：//zhuanlan. zhihu. com/p/626341257.

音乐，课间休息时播放轻柔欢快的音乐，催促进度时播放催人奋进的音乐，优秀的讲师总能在不同的培训场景精准匹配最适合的背景音乐。

不仅如此，讲师可以根据学员的年龄和成长背景对音乐进行划分。举例而言，40多岁的学员、30多岁的学员以及20多岁的学员，他们熟悉和偏好的音乐是不同的，需要讲师精准地选择和匹配。

不难想象，当一位40多岁的讲师在为一群20多岁的学员上课时，播放的音乐全是20多岁的学员所喜爱的，那这位讲师在学员心中的印象分一定会得到极大提升。

2. 促使学员使用全脑思考

如果学员在培训过程中能同时使用多个大脑功能区，那学习的效果就能得到倍增，而这才是"莫扎特效应"带给我们的深层启发。

举例而言，如果学员正在进行案例分析、逻辑推理、问题解决、对错验证等，讲师同时对其大脑其他功能区进行刺激，就能激发学员大脑的更多潜力。除了放音乐这一刺激手段，我们也可以鼓励学员用绘画的方式把得出的结论展示出来，而绘画刺激的则是学员脑中与"图像"和"想象"相关的功能区。不少人所熟悉和使用的"思维导图"其实就是一种用绘画的方式整理思路、归纳要点和展示成果的手段。

色彩单一的培训环境和培训资料无法提升学员大脑的活跃度和思维的积极性。优秀的讲师往往特别重视培训课堂中色彩的搭配以及PPT演示时颜色的设计。有些高端的培训甚至会给学员提供全彩印刷的培训讲义，而少数特别讲究的讲师每半天就会更换不同色彩搭配的服装。这些做法背后的深层目的其实是利用颜色激起相应脑功能区的反馈，促进学员使用全脑综合思考。

"莫扎特效应"能帮助我们通过促进学员全脑思考，提升其学习活跃度，而"鸡尾酒会效应"则可以通过消除培训现场的杂音干扰来提升学员的学习专注度。

■ "鸡尾酒会效应"——过滤杂音干扰

当人们在鸡尾酒会时，耳边一定是人声嘈杂。但如果你正专注于与人交谈，即使周围噪声很大，仍然能听得到对方说话的声音。

在这种情况下，你对周围人谈些什么是听不清的。但假如某个角落突然传来你的名字，你马上就会注意到。有时候，你还能听到某个熟人的声音，会不由自主地朝声音来处看一下。上述这种现象在心理学中被称为"鸡尾酒会效应"。

将"鸡尾酒会效应"应用到培训课堂中，我们需要注意以下三个方面。

1. 创造"交谈者的声音"

在"鸡尾酒会效应"中有一个重要的概念叫"交谈者的声音"。对方觉得在现场这么多人中，仿佛只有你和他两个人在交谈。

为了创造"交谈者的声音"，我们就要努力把"一对多"交谈变成"一对一"交谈，以交谈的状态去授课。

首先，在讲课过程中，要尽可能地喊出学员名字，或者叫出某个小组的名称或组号。如果想效果更好，可以去掉姓直接喊名。

其次，要尽量不使用"大家""所有人""你们""各位"等词，而是尝试使用"我们""咱们""亲们"等词。

最后，对于专注度明显不够的学员，我们要主动切换到"一对一"的交谈模式，主动和该学员拉近距离，让自己的肢体语言清晰指向该学员，让自己的眼神落点在该学员身上。这样做会让学员产生讲师正在和自己进行"一对一"交谈的感觉，使学员的专注度提高。

2. 成为"鸡尾酒会的焦点"

在鸡尾酒会等社交场合，特别靓丽、时尚的女士和帅气的男士，大多会成为全场的焦点，吸引所有人的目光和注意力。

同样，在培训课堂中，讲师一定要努力成为全场的焦点，不能成为学员交头接耳时的背景。

整洁讲究的穿着、生动丰富的语言、抑扬顿挫的语调和充满张力的肢体动作，这些都能极大提升讲师对学员的吸引力。讲师的魅力值不同，学员的学习注意力和学习沉浸度也会有很大差别。

另外，在鸡尾酒会现场，有些人通过奇特的服装、奇异的配饰、其他新奇的物品等，也能赢得现场所有人的关注，成为全场的焦点。

同理，我们可以借助外在手段、辅助工具，把现场学员的注意力吸引过来，比如，设计巧妙的服装、新颖独特的道具、精彩的多媒体课件等。

3. 制造"突然的安静"

在一个播放着音乐的鸡尾酒会，一旦音乐突然停止，在场所有人都会不由自主地停止交谈，齐刷刷地把视线投向组织者或者主持人，大家都很好奇接下来是否有特别的活动安排。

在某个气氛热烈的鸡尾酒会，某位嘉宾正在发表重要演说。但让他失望的是现场人声鼎沸，几乎没有人在认真听。这时嘉宾突然停止了说话，静静看着大家。现场的人也不自觉地停止交流，转过头看着嘉宾，心中都在疑惑是不是发生了什么状况，于是全场的焦点又回到了嘉宾那里。

同样的道理，如果有些学员在下面交头接耳甚至喧哗吵闹，就表明授课讲师此时已经沦为了现场学员的交谈背景。这时候，讲师可以暂停讲解，制造"突然的安静"。"背景声音"的消失会立刻引起那些私下交谈学员的注意，使他们立刻停止交谈，转而把注意力投向讲师。

另外，在气氛热烈的游戏互动和讨论交流后，如果我们希望把学员的"心"快速收回来，那制造"突然的安静"是一种行之有效的实用手法。"突然的安静"能让课堂上的喧嚣快速"冷却"下来，从而把学员的专注度快速提升起来。

第二节　启迪快速理解与深刻记忆

如何做到让课程内容变得更加易学易记？如何做到让知识要点变得更加一目了然？如何做到让学员的理解更加快速清晰？如何做到给学员留下更加深刻难忘的记忆？"沉锚效应""巴纳姆效应""培哥效应""重叠效应"以及"蔡格尼克记忆效应"（见图5-4）带给我们的，不仅是清晰的指引，更是有效的方法。

图 5-4　促进快速理解和深刻记忆的心理学定律

■ "沉锚效应"——对标物的参照启示

人们在对某个事物或某人做出判断时，总是受第一信息所控制，第一信息就像是沉入海底的锚一样把人的思维固定住，因而这种心理现象被称为"沉锚效应"，也叫"锚定效应"。

"锚"即参考物所产生的暗示会对一个人的理解和记忆产生某些作用，引导其最终的选择或判断。

"沉锚效应"在教学中也是被经常运用的。我们所熟知的案例教学就是利用了"沉锚效应"，案例成了利用所学知识解决类似问题的"锚"。比如，在课堂上如果学员遇到某个难题无法解决，我们可以给他们一道与此难题相似但又相对容易的题目，这道题目就是一个"锚"，能指引学员找到正确的解题思路。

在培训活动中，我们可以运用三种方法发挥"沉锚效应"的积极作用，它们分别是对比、引导以及示范（见图 5-5）。

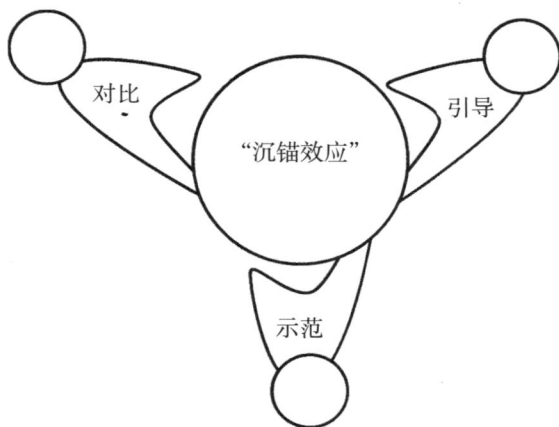

图 5-5   发挥"沉锚效应"积极作用的三种方法

1. 对比

教学和培训中，通过对比得出的结论更加清晰易懂，而没有通过对比得出的结论可能会让人感到模糊晦涩。当我们需要向学员灌输核心概念、传授关键方法、讲解重要知识时，如果能设定一个"锚"来进行对比，学员就会更快更有效地接受。

例如，讲解某个沟通方法如何有效，可以通过不用这个方法可能导致的沟通问题与用这种方法的沟通成效进行对比。

当我们希望学员更快速高效地完成某个高难度任务时，可以告知学员其他人完成该任务的最快时间是多少，以之为"锚"，促使学员提高完成任务的效率。

当我们要求学员的答案更具创造性时，可以先分享该问题最常见的答案，然后鼓励大家思考出与之相比更独特、更新颖、更与众不同的答案。

2. 引导

有一天，邻居盗走了华盛顿的马，华盛顿查出是邻居做的后，就带着警察来到邻居的农场，并且找到了自己的马。可是，邻居不肯承认这匹马是华盛顿的。

华盛顿灵机一动，就用双手将马的眼睛捂住说："如果这马是你的，你一定知道它的哪只眼睛是盲的。"

邻居有些紧张，迟疑一下后回答："右眼。"华盛顿把手从右眼移开，马的右眼一点问题没有。"啊，我弄错了，是左眼。"邻居纠正道。华盛顿又把左手也移开，马的左眼也没什么毛病。

邻居还想申辩，警察却说："什么也不要说了，这还不能证明这马不是你的吗?"[①]

邻居为什么会被识破? 那是因为华盛顿利用了"沉锚效应"。他先问邻居马的哪只眼睛是盲的，目的是让其认定"马有一只眼睛是盲的"。这就导致邻居猜完了右眼猜左眼，就是想不到马的眼睛根本没问题。

在培训中，为了避免学员产生错误的思路和理解，我们可以借助"沉锚效应"进行引导。

某讲师给一群职业经理人讲授高效团队管理课程，希望他们能接受和认同愿景对团队管理的积极作用。讲师提出了这样一个问题："大家觉得愿景对于团队管理而言到底有没有作用?"倘若以此提问为"锚"，肯定有一部分人会认为没有作用。如果讲师提问变成："大家可以思考下，愿景除了能统一团队成员对未来的认知，还有哪些积极作用?"这样的"锚"显然能把所有人的思维朝着"愿景有积极作用"的方向推动。

由此可见，在对学员进行思维引导时，我们要尽量避免那些让学员既可以选择回答"是"也可以选择回答"不是"的提问方式。如果"是"代表我们希望学员思考问题的方向，这样的提问会导致部分学员的思维朝"不是"的方向发展。我们应该在"是"的思维轨道设置"锚"，以确保学员的回答无论千变万化始终保持在"是"的方向上。

3. 示范

父母的言行举止对孩子来说就是"锚"，父母的表现在很多情况下成为孩子的参照物。父母若想自己的孩子爱阅读，首先要在孩子面前多读书;父母若希望孩子懂礼貌，首先应该把"请""谢谢""对不起""麻

---

① 沉锚效应 [EB/OL]. (2020-03-06) [2023-09-01]. https://zhuanlan.zhihu.com/p/111229300.

烦"等挂在嘴边；父母若希望孩子勤劳，在家中就不要做"甩手掌柜"。

同理，在培训活动中，讲师的言行举止就是学员的"锚"。如果我们希望学员热情，我们自己得热情；如果我们希望学员积极，我们自己得积极；如果我们希望学员学有所获，那我们自己得亮出足够的"干货"。

优秀的讲师不仅讲解能力强，示范能力也很强。对于某些晦涩难懂的内容，他们总会亲身进行示范，并让学员看完后进行模仿。一旦有讲师的亲身示范作为"锚"，那学员理解和掌握知识就会变得快速且准确。

"沉锚效应"让我们学会在教学中运用恰当的"锚"来提升学员的理解和认知效果，而"巴纳姆效应"则指引我们如何把复杂的教学内容变成清晰简单易学易记的模型。

■ "巴纳姆效应"——模型化提炼萃取

"巴纳姆效应"是 1948 年由心理学家伯特伦·福勒通过试验证明的一种心理学现象。"巴纳姆效应"指出人们常常认为某些笼统的、一般性的人格描述十分准确地揭示了自己的特点。当一个人被一些含糊不清、广泛通用的人格描述形容自己时，往往很容易就接受这些描述，并认为描述中所说的就是自己。

"巴纳姆效应"解释了星座、生肖或心理测试有时候看起来很"准确"的原因。那些用来描述性格的词句，其实基本上适用于大部分人，但人们总是会不自觉地对号入座，并把自己归类成"某一类人"。

"巴纳姆效应"告诉我们，人们接受外界信息时，比较容易接受和认同那些标签化的或归类化的模型，而且很容易对号入座。

例如，在星座分析或 MBTI 测试中，只要人们深信自己的性格特征，并且强行带入，总能从中找到和自己相似或重合的地方，从而深信不疑，印象深刻。

在培训活动中，那些碎片化的知识点和零散的细节哪怕再有用，也容易被忽视或得不到足够的重视。学员们大多认为越是细节化、碎片化的东西越只适用于某些特定情景，不能成为可普遍应用的准则。

相反，如果培训的核心知识点经过归纳、总结，变成某个或某几个可以对人或事进行分类、分析的模型，那学员就容易对之产生"巴纳姆效应"，并不自觉地从中找到符合自己的特征。

例如，人的性格可以被划分为红黄蓝绿四种颜色，并且每种颜色都有鲜明的特征描述。学员在学习性格分析时就能快速掌握，迅速领悟，并以此去分析自己和他人的颜色类型。

有一种沟通模型被称为PAC，它把沟通中人们表现出的人格状态划分成为P（父母）状态、A（成人）状态以及C（儿童）状态。学员通过学习掌握PAC模型后，就能在与他人沟通时准确识别自己以及对方呈现的状态，并能通过主动切换状态来避免冲突。

在日常管理中，下属绩效不佳背后的原因纷繁复杂。而"四不根源分析法"则把下属绩效偏差的深层根源界定为"不知道做什么""不知道怎么做""不知道为什么做"以及"不知道做得怎么样"四个维度。这样化繁为简的分析模型能让管理者快速且精准识别不同下属表现不佳背后的"问题根源"。

在很多谈判课程中，不同人根据谈判风格可以被分为驴型、狐狸型、绵羊型以及猫头鹰型四类，每一类风格都有特定的谈判习惯和特征。学员掌握四类风格后，在实际谈判中会不自觉地把对方的表现与之对应，以实现"因人而异"、针对性谈判。

课程要点模型化的好处在于把复杂问题简单化，把碎片化知识结构化，把通用知识标准化，这样就能在学员大脑中快速产生清晰的认知和理解。模型化能把知识变成方法，甚至能把方法变成方法论。

遗憾的是，即便很多讲师在自己所属领域拥有非常丰富的专业知识和实战经验，他们依然缺乏运用模型化将自己的知识与经验进行归纳、提炼、总结和呈现的能力。

当然，并不是随意取一个名字、分一个类别、界定一个说法就叫模型化。要做到真正模型化，我们必须对核心知识点或重要方法技能的萃取实现"三个化"的升级。这"三个化"分别是标签化、分类化和指导化。

1. 标签化

要实现模型化，首先必须对人或事物贴上某个特定的标签。例如，前文提到的关于性格的四种颜色，每种颜色都有特定的标签。因为有标签，才能简单、快速地把人或事物进行对号入座。

2. 分类化

分类化能帮助学员对人或事物进行归类。很多事物往往是模糊的、灰色的，但分类能帮助我们快速实现区分，把很多模糊的问题变清晰，把很多晦涩的事物变鲜明。

3. 指导化

标签化和分类化是基础，模型化最重要的价值在于帮助学员对人和事物进行差异化分析和精准化应对。比如，不同个性颜色的人有不同的心理需求，我们引导他们的方式不同；不同下属"不知道"的类型各有差异，那针对他们的管理方式和重心也截然不同。

事实上，"巴纳姆效应"也指出模型化的分析和归纳有时候并不一定特别精准。即便如此，经过模型化的知识点更容易被记忆、理解、认可和使用，这也是不争的客观事实。

"巴纳姆效应"让我们运用模型化的提炼、总结和呈现提升学员的认知度和理解力，而"培哥效应"则指导我们通过编码的方式提升学员对教学内容的记忆效果。

■ "培哥效应"——编码式的记忆强化

《最强大脑》这一竞技节目，开播以来改变了许多人对于大脑记忆力的认知，那些拥有超凡记忆力选手的表现简直让人惊叹。事实上这些选手并非天生记忆力就高人一等，而是都曾持续训练过自己的记忆力。无论他们采用的是何种训练方法，归根结底或多或少都与"培哥效应"有直接的关联。

"培哥效应"实际上就是借助自创的记忆编码来形成一个特定的链接，然后通过联想把需要记忆的材料与之结合。

绝大部分优秀的讲师都是一流的编码高手，他们会把复杂的知识点和难记的内容用编码的方式浓缩成让人过目难忘的数字、词汇、口诀、手势等，以便学员快速记忆和深度记忆。

1. 谐音法编码

通过谐音进行编码，可以使教学内容特别容易被学员记住。例如数学中最难记忆的圆周率，可以将圆周率中的"3.14159"和诗文"山巅一寺一壶酒"联系起来进行谐音记忆。

在学习外语单词时，可以用汉字写出发音相近的词句，这也是利用谐音法进行编码的常见例子。

在营销学课程中有一个叫"PEST"的市场环境分析方法，P、E、S、T分别指的是政策分析、经济分析、社会分析和技术分析。有位营销讲师在上课时把它戏称为"拍死它"分析法，让学员在轻松的氛围中产生了深刻记忆。

掌握谐音法编码是极其重要的培训基本功，它能让晦涩难记的内容瞬间变得有趣、生动、易记和难忘。

2. 组词法编码

所谓组词法编码，指的是在教学内容和知识点中抽出特定的关键字，组成一个耳熟能详的词句，从而让人过目难忘。

比如在沟通培训中，很多讲师都会分享有效处理观点分歧的沟通四部曲。这四部曲分别是"道歉""理解""请教"以及"说明"。如果学员记不住它们或者对它们印象不深，则我们可以把这四部曲的第一个字抽出来组成词句，即"道理请说"。

又如在服务培训中我们经常会提到导致客户产生服务不满的四个因素，即该客户的"习惯"（做法）、"以往"（经历）、"行为"（倾向）以及（基本）"常识"，我们可以从这四个要素中抽出关键字组成一个让人印象深刻的词语"习以为常"。

对英文单词的表述同样可以进行组词法编码，通常是把每个单词的首字母组合起来。比如在演讲表达培训中，讲师会反复强调尽量让自己的表达"Keep It Simple and Stupid"（简单易懂），而这个表述可以被编码为"KISS"法则。

又如在教练技能培训中，讲师会分享对辅导对象实施有效教导的四个步骤：先对辅导对象存在的问题进行 Check（检查），发现问题后鼓励对方先自行解决（Act），对于其自行解决中发生的差错则需要 Specify（详细指出），最后提供力所能及的帮助（Help）。这一套有效教导四个步骤的组合，可以通过组词法编码为"CASH"模式。

3. 数语法编码

用一个带数字的耳熟能详的俗语来指代某个教学内容或知识要点，这被称为数语法编码。

例如在生产培训中，整个品质检查的过程有六个大步骤和一个附加步骤，我们可以把它形象地称为"非常 6+1"，让学员一提到品质检查就忘不掉"非常 6+1"。又如在商务礼仪培训中，男性商务人士在着装时有四个容易犯的错误，我们可形象地称之为男性着装的"四不像"。

再如销售培训中挖掘客户的痛点共有四个层层递进的阶段，分别被形象地称为"找伤口""挖伤口""伤口撒盐"以及"伤口抹蜜"，而这四个阶段又被合称为挖掘客户痛点的"伤口四部曲"。

数语法编码既包含了清晰的数字，又能让学员产生画面感，因此能更全面帮助学员记忆。

当然，利用"培哥效应"进行编码的方法还有很多。比如有些讲师喜欢用某种手势来帮助学员进行形象化记忆，甚至还会把多个手势串联成手操，这叫手操法编码。有些讲师会用顺口溜甚至诗歌的形式，把培训内容的要点全部归纳和浓缩在里面，这叫口诀法编码。除此之外，还有类比法编码、形象法编码、纯数字编码等。

"培哥效应"让我们意识到编码技能在培训中的奇妙应用，而"重叠效应"则提醒我们教学内容中相似的部分会抑制记忆。

■ "重叠效应"——相似性的记忆抑制

人们对事物的记忆过程中，如果一前一后需要识记的东西是类似的，对记忆的保存来说是不利的。这是因为大脑中出现相似内容时，会互相抑制和互相干涉，从而容易导致人的记忆混乱，这种现象被称为"重叠效应"。

许多人都有一种感觉，同一地区的外国人很难辨认，因为看起来都差不多。这里的相似性在于发色、肤色、眼睛、体型、语言等。

很多电影在火了以后都会拍摄续集，但是续集太多会使观众产生极大的审美疲劳。这是因为他们发现不同的续集在内容、情节、拍摄手法等方面有很多相似之处，看多了会产生"重叠效应"，反而什么印象都没有了。

在教育培训中，我们要防止学员在学习中产生"重叠效应"。我们可以运用交叉、间隔以及分类的教学技巧来规避"重叠效应"的负面影响，以提升学习效率和记忆效果（见图 5-6）。

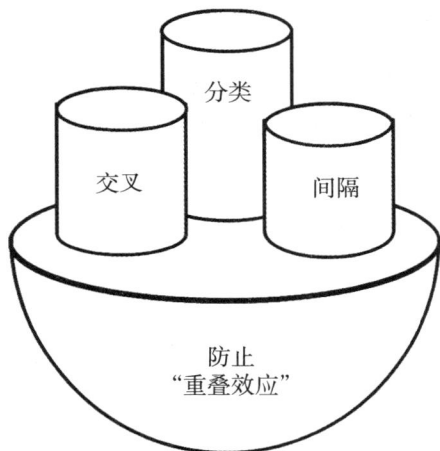

图 5-6　防止"重叠效应"的三种教学技巧

1. 交叉

对于培训课程而言，讲师在设计教学内容时，应强化不同单元的差异性，避免相似性和雷同性。

一方面，要避免某一个主题单元的内容占比过重，教学用时过长，防止过长的单元内容使学员产生"重叠效应"。另一方面，不同单元的内容要尽量做到差异化，例如，主题和内容、培训方式、互动手段、培训教材和教具、培训场地和座位、培训节奏等最好有所不同。从一个单元切换到另一个单元，学员应该能明显感知到上述差异。整个培训内容应该由多个差异明显的单元组合在一起，以避免"重叠效应"发生。

2. 间隔

假如不同的单元存在不可避免的类似和雷同，我们可以采用间隔技巧来抑制"重叠效应"。以发放给学员的培训教材为例，我们可以在培训教材不同的单元之间，特意插入带有颜色的纸以在视觉上进行区隔。

同样的道理，当一个单元内容的讲解结束时，我们不用立刻启动下一个单元的讲解，而应采用某些特定的方式让学员的记忆进行区隔。例如，我们可以让学员休息两分钟后再开始下一单元，也可以插入一个让学员放松的小互动进行过渡。

3. 分类

培训课程前后单元的内容在类型上越不一样，学员就越不会混淆，越不容易产生"重叠效应"。因此，我们要学会对每个单元进行整体内容归类与界定，以便把前后单元"内容类型"的显著区别植入学员的大脑。

例如，在一次沟通培训的课堂上，讲师对学员说："这个单元主要针对人，即了解和识别沟通对象的风格特点，下一个单元则主要针对事，即识别哪些事项最容易产生沟通中的误解和冲突。"

又如，在一次中层管理能力培训的现场，讲师对全体学员说："下属的能力由工作能力和心理能力组成，因此管理者对下属的带教辅导也分两部分，这个单元我们讲的是工作能力的带教辅导，而下一个单元我们要讲的是心理能力的带教辅导。"

"重叠效应"为我们揭示了培训过程中学习效率和记忆效果低下的原因，而"蔡格尼克记忆效应"则巧妙地利用心理张力来提升学习效率和记忆效果。

■ "蔡格尼克记忆效应"——未完成的心理张力

有一位叫布鲁玛·蔡格尼克的心理学家，发现人们对已完成的工作较为健忘，因为"完成欲"已经得到满足，而未完成的工作则在脑海里萦绕不已。

被誉为现代社会心理学之父的德国心理学家勒温认为，人类有一种去完成一个完整的行为单位的自然倾向，这种自然倾向又被称为心理张力。他认为，没有完成的任务使未得到释放的心理张力永远存在，而当任务完成之后，与之并存的心理张力也将随之消失。由此可见，人类与生俱来的心理张力，是产生"蔡格尼克记忆效应"的主导因素。

"蔡格尼克记忆效应"以及心理张力给我们带来的启发是，对于某些需要深刻记忆的培训内容，如果学员特别轻松、顺利地完成了学习，其记忆和触动效果反而不是最佳的。相反，如果讲师加以一定的阻力后再让其完成，学员在培训结束后会对这些内容会产生深刻的印象和长远的记忆。我们可以通过增加阻力、老虎钳策略来制造"蔡格尼克记忆效应"，增加学员的心理张力。

1. 增加阻力

在培训过程中的答题、讨论、汇报、情景演示以及最后考核等环节，我们不要让学员太过轻松地完成和顺利地过关。我们要学会在表达初步认可的基础上进一步提升难度，设置挑战，增加阻力，故意制造其"不完美"的表现，这样反而能让学员留下深刻的印象和长久的记忆。在某些关键的答题演练和互动挑战环节我们要提前准备好附加题，一旦发现大部分人都能轻松过关，则适时抛出附加题，以增加阻力。

2. 老虎钳策略

某位领导让他的某个下属准备一份报告，这名下属花了很大的精力整理了一份报告，并且特意加上了精心制作的封面，包装好后提交给了他。结果，领导很快将报告打了回去，还附上了一句话：你确定这是你能提交的最好的报告吗？

这名下属看了以后马上再次投入工作，修订了其中的一些内容，并补充添加了更为翔实的数据。经过一周的奋战，下属再次将这份报告提交上来。结果，没过多久，领导又将报告打了回去，并且再次附上那一句话：你确定这是你能提交的最好的报告吗？

在重重压力之下，这名下属带着团队加班加点连续又干了两个星期。

最后他亲自带着报告提交给领导并说:"这份报告是我目前的最高水平了。我带领我的团队加班加点干了两个星期,请千万别再打回来了。"领导把报告放在桌子上对他说:"好的,既然是这样,我一定会认真看这份报告的。"

对于学员提供的答案、完成的任务、输出的成果以及提交的作业,我们也可以用类似的老虎钳策略不断追问和提高要求。"还有更好的答案吗?""还能进一步改进吗?""还有哪些地方需要完善吗?""能不能再做得更好一些?"……这些追问和进一步要求能持续提升学员的心理张力,从而产生"蔡格尼克记忆效应"。

不难发现,老虎钳策略有两个显著特点。第一个特点是增加阻力不是一蹴而就的,而是层层递进不断进行的。第二个特点是所增加的阻力并非来自我们对学员提出的"不满"和"挑战",而是源于学员对自己的反思和改进。

第六章

学习效果巩固与实践转化

第一节　课堂效果的巩固和强化

　　培训的最终效果不仅体现在课堂中学员的收获上，更体现于课程结束之后学员的应用实践和绩效改善上。我们不能重视一方面而忽略另一方面，两者的关系不应该是割裂的，而应是相辅相成的。

　　"峰终定律"和"淬火效应"帮助我们掌握如何通过培训课程收尾时的总结、提炼、强化、点评以及规划来为课后的学习落地和行动实践提供最大奠基和支撑。而"反馈效应"则让我们更加清晰如何通过培训后的反馈与跟进来更好承接、巩固、延伸和升华课堂学习的收获（见图6-1）。

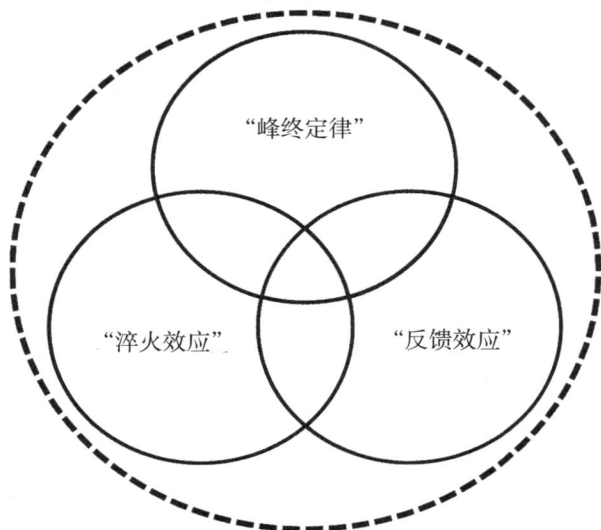

图6-1　巩固和强化课堂效果相关的定律

■ "峰终定律"——极致"峰终体验"

人对体验的记忆往往取决于高峰时和结束时的感觉，而不是平均值，这就是心理学上的"峰终定律"。

一场培训结束之后给学员留下的印象以及学员的学习转化率，在一定程度上取决于该场培训高峰时和结束时给学员的感受。

不管是培训组织者还是讲师，都需要竭尽所能地提高学员在培训时的"峰终体验"。学员的"峰终体验"越好，对课程的认可与满意度就越高，对培训中精华部分的印象就越深，其学以致用实践落地的欲望就越强，效率就越高。

为了给学员创造更好的"峰终体验"，我们要学会在培训收尾时给全体学员做一次有效的"SPA"，即 Summary（总结）、Practice（练习）以及 Action（行动）。

1. Summary（总结）

在培训收尾时，我们需要对课程中的精彩之处和重点内容进行回顾总结，简单来说就是把整场培训中"高峰时刻"再次强化和突出。换句话说，在进行培训总结时，我们不仅要对整个培训进行"面"的结构梳理，更要对那些精彩的环节进行"点"的再度燃放。

课程亮点的回顾与总结，既可以由讲师来做，也可以由表现良好的学员来做。学员可以分享印象最深刻的学习收获和心得。从学员的角度进行课程亮点的回顾，既可以补充课程总结，更可以推广课程价值。

除此之外，我们可以让学员把课程中的核心内容"带走"，如课程脉络要点思维导图、课程核心工具卡片集、课程关键动作口袋书、课程方法模型电子书、课程配套学习视频资料等，这些精心准备的"交付物"既是对本次培训课程的"可视化"总结，更是便于学员复习练习和实践应用的有效指南。

2. Practice（练习）

在总结环节后，我们要告知学员在日常工作和生活中如何通过练习和训练快速达到期望的水平。结合培训课程中需要学员强化的内容，我们必须现场分享能提高学员日常训练效果和练习效率的小窍门、小技巧或者小口诀。

不仅如此，我们要鼓励学员，让他们相信只要坚持练习，每个人都能达到预期的理想水平。讲师可以现身说法举出一些成功的案例，以提升学员投入实践坚持练习的欲望和动力。

课程收尾时嵌入"练习说明"环节，既能增强学员学以致用的信心，也能进一步提升他们对本次培训的"峰终体验"。

3. Action（行动）

最后，我们要向学员提出以时间为轴的行动期望和行动计划，其中比较经典的被称为"DWM 模式"。所谓"DWM 模式"就是培训结束后一天内、一周内以及一个月内的行动目标和行动计划。

（1）培训结束后一天内

培训结束后一天内的行动目标主要是强化记忆、对抗遗忘。培训后 24小时内，学员需要对课程内容完成一次复习回顾。及时复习能抓住记忆的时间窗口，极大降低"遗忘率"。培训组织者可以通过课后考试的方式督促学员进行课后一天内的"记忆式"复盘。

（2）培训结束后一周内

培训结束后一周内的行动目标主要是加深理解和思考。学员需要从应用的角度重新回顾课程内容，把适用于自己的部分挑选出来，制订实践和应用计划。培训组织者可以通过要求学员提交实践和应用计划的方式督促课后一周内的"计划式"复盘。

（3）培训结束后一个月内

培训结束后一个月内的行动目标主要是实践反馈、经验提炼。学员需要根据自己的实践和应用计划，在一个月内尽可能真正"学以致用"。不仅如此，学员需要把实践的心得体会、成功范例等进行汇总并提交反馈。培训组织者可以通过要求学员提交实践心得或应用案例的形式督促课后一个月内的"行动式"复盘。

"峰终定律"让我们明白在培训收尾时给学员做一次"SPA"的重要性，而"淬火效应"则为我们指明如何避免课堂培训中"听听很激动，回去不行动"等现象。

■ "淬火效应"——快速淬火冷却

淬火是金属的热处理工艺之一,把金属工件加热到一定温度后,快速浸入冷却剂中。经过冷却处理,金属工件的硬度和强度能得到极大提升,性能会变得更好更稳定。

在心理学以及教育学中,"淬火效应"指的是对那些长期受表扬自我感觉良好的学生,设置一点小小的障碍,施以"挫折教育"。几经锤炼后,其内心会更成熟,心理承受能力会更强。

《孟子·告子下》中有一段我们耳熟能详的话:"故天将降大任于是人也,必先苦其心志,劳其筋骨,饿其体肤,空乏其身,行拂乱其所为,所以动心忍性,曾益其所不能。"

这段话所蕴含的基本道理,其实就体现了"淬火效应"对一个人学习和成长的锤炼效果。

为了避免培训中出现"听听很激动,回去不行动"等现象,我们可以通过做学员点评、列行动计划、设挑战标准以及树参照标杆的方式(见图6-2),对学员进行冷刺激和降温,以摒弃其浮躁,消除其自满,激发其真正愿意把"所学"投入"所用"的行动。

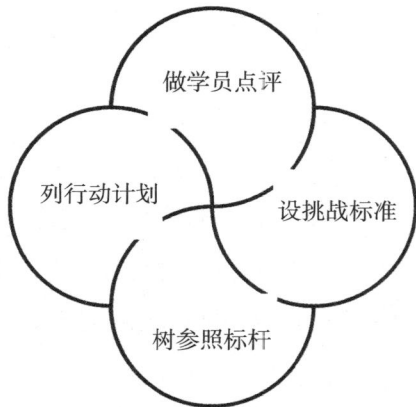

图 6-2　制造"淬火效应"的四个方式

1. 做学员点评

培训结束时，培训组织者通常都会收集学员对培训的评价，尤其是学员对讲师和课程内容的打分等反馈。

富有经验的培训组织者则会要求讲师在培训收尾时能对参加培训的学员进行整体或个体的评价，这是一种"反向"的培训效果评估。

讲师如果在培训收尾时只"说说好话"和"唱唱赞歌"，这种做法与"淬火效应"的原理是背道而驰的，在一定程度上会增加学员的浮躁和自负，不利于其课后的复习、练习与实践。

真正负责任的讲师，会用委婉的方式指出学员在培训中存在的问题、不足以及改进建议，目的是让学员冷静下来，在讲师的引导下进行自我反思。只要讲师和课程是受到学员喜爱和认可的，那这种在课程结束时的"淬火冷却"，不仅不会降低学员的好感与满意度，而且会让学员觉得讲师坦诚相见、认真负责、值得信赖。

2. 列行动计划

为了避免出现"课上学习效果好"但"课后行动效果差"的问题，培训组织者和讲师可以尝试把"列课后行动计划"这一环节直接在课上完成而非放到培训结束之后。

学员在讲师指引之下，提前思考自己该如何学以致用，该如何具体行动，该如何克服可能出现的困难和挑战，他们就如烧红的铁条被快速投入冷水之中，"淬火效应"随即出现。

写行动计划的真正目的和用意并非在于行动计划本身，而是通过现场写行动计划这一特定方式，让学员从感性变得理性，从浮躁变得安静，从思考所学变成思考如何用。

3. 设挑战标准

有些学员往往自我感觉良好，认为自己已经掌握了培训所教的全部内容，甚至觉得课程没难度，自己水平并不比讲师差多少。针对这种并非罕见的现象，我们需要故意在课程收尾时为学员设定课后练习和实践应用的挑战标准。

对于培训中一些量化和标准化的内容，我们可以鼓励学员挑战最佳标准或历史纪录，即要么挑战用最短的时间去完成某个任务，要么挑战在设定的时间内完成某个任务的次数更多。

例如，某位演讲与表达方面的培训讲师提出让学员去挑战3分钟内连续重复某个极难绕口令无差错的纪录，而在过往所有的学员中，最高纪录是连续12次无差错；某位上职业礼仪课程的讲师提出让学员去挑战双膝夹住A4纸不掉落最长时间的历史纪录。

4. 树参照标杆

有些学员在参加完培训之后，会进入一种认为自己比别人优秀，甚至觉得很多培训内容没必要学的"飘忽状态"。针对这种情况，讲师可在课程收尾时告知大家同一课题其他培训班或其他学员的表现，并分享特别优秀学员的例子。

通过讲述和展示标杆学员在实践中取得的不凡成绩、获得的显著进步和创造的丰硕成果，讲师可以提醒学员更客观且理性地看待自己，更清晰地认知到自己的问题不足，并产生向标杆学员学习的意愿和挑战的好胜心。

优秀的讲师都有收集过往优秀学员成功案例、精彩故事和感人经历的好习惯。他们会在培训课程收尾时向现场学员以文字、图片、音频或视频等形式展示标杆学员的风采和事例，甚至通过远程连线或亲身参与的方式让标杆学员现身说法。

"淬火效应"让我们意识到培训收尾时制造"快速冷却"对学员的学习收获与行动提升是有积极作用的，而"反馈效应"则提醒我们学员培训后学习转化不理想很可能是因为培训组织者或讲师缺乏及时跟进和反馈。

■ "反馈效应"——及时反馈跟进

"反馈效应"在教育心理学中用来说明学习者对自己学习结果的了解能起到"强化作用"。这种"强化作用"不仅能促使他们更加努力学习，也能进一步提升他们的学习效率。

网课教学导致学生学习专注度和兴趣度没那么高的原因，除了线上学习的体验感不如课堂学习外，缺乏"反馈效应"也是一大"元凶"。

在面对面的课堂中，老师对学生的表现能做到给予即时反馈，而当学生上网课时，老师给予反馈的频率下降，反馈的周期延长，学生学习的自觉性和自主性就出现了明显下滑。

在成人教育中，学员所学知识的转化和行为的改进也离不开"反馈效应"。即便讲师和培训组织者在课堂上布置了任务，提出了实践建议，列出了实践计划，但倘若没有及时反馈和有效跟进，有些学员在一时热情消退后就会失去完成任务的动力。

1. 反馈的方式

在培训结束后学员的知识转化和行为改进中，我们可以采取多种多样的反馈方式，主要包括以下六种（见图 6-3）。

（1）检查式反馈

在每个关键日期检查学员应该完成的任务，并给予反馈。

（2）分享式反馈

阶段性和学员分享其他人的进展、其他学员的做法经验，以及讲师提供的指导建议，让学员以此来评价和改进自己的表现。

（3）提醒式反馈

及时提醒学员，如行动进度、需要完成的任务、重要时间节点、重要活动等。

（4）点评式反馈

对学员的作业等成果进行点评，提供有益的参考意见。

（5）鼓励式反馈

对学员的实践行动和进展进行鼓励、点赞，表达积极认可。

（6）告诫式反馈

对部分学员的不作为和不良表现进行提醒，督促其快速改进。

当然，可以用的反馈方式还不止于此。培训组织者和讲师需要尽可能把多种方式融合在一起，并根据学员的实际表现和存在的问题精准匹配最适合的反馈方式。

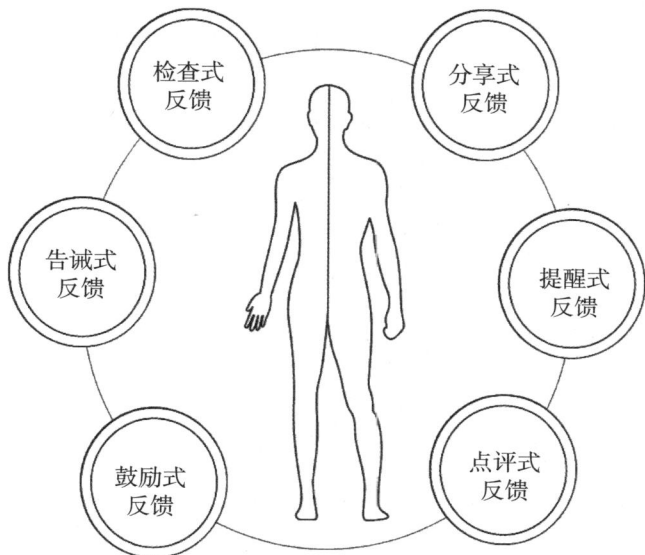

图6-3　培训后有效跟进的六种反馈方式

2. 提供反馈的各个角色

能给学员提供反馈的角色并非单一的，培训管理者、讲师以及学员的上司都扮演着重要角色。

一般而言，企业的培训总监、培训经理等培训管理者扮演着组织者、协调者和跟进者的角色。他们对培训全过程进行资源的调动和活动的组织，对讲师、学员和学员上司之间的互动进行协调，对整个培训进行持续跟进。

讲师则扮演着专家和参谋的角色，他们为学员提供经验、建议和专业工具（如考题、测评工具、行动计划表），并且在必要的情况下对学员的作业进行点评，对一些共性的难题进行答疑解惑，为学员提供线上或者线下学习复盘。

而学员的上司则扮演着评估者、监督者和教练的角色。他们通过学员在工作中的实际表现和成长进步，对培训的效果和给学员带来的变化给予更全面和真实的反馈评价。学员的上司需要帮助培训管理者监督学员对培训后实践和行动计划的执行完成情况。同时，学员的上司会结合自身的经验为学员提供力所能及的指导，并且这种"教练"角色带给学员的既是工作能力上的指导，也是心理能力上的建设。优秀的上司能对学员的学习与成长给予积极的鼓励，帮助其建立良好的心态，消除其各种负面情绪。

除了上述三个关键角色外，学员所在培训班的班长、学员所在小组的组长等，都是可以提供反馈的人。

3. 反馈的频率和要求

一般而言，培训结束之后的跟进反馈，在频率上需要呈现由高到低的曲线，在周期上要呈现由短到长的改变，在难度上需要呈现由低到高的顺序。

正如之前提到的"DWM 模式"，它给学员提供的反馈是按照一天、一周和一个月的频率由高到低逐步递减的。培训刚结束后一天内，我们需要特别关注"遗忘曲线"，因此很有必要进行高频率提醒、鼓励和督促，以在遗忘率快速上升前实现学员大脑皮层深度记忆。

有些培训忽视了训后一天内的高频反馈，而把这个时间窗口延长到了训后一周，难免会导致学员的学习和记忆效果大幅下降。

培训后一周内，我们要关注的是理解曲线，通过中频率的提醒、鼓励和督促，让学员对课程的核心内容加深理解，并积极思考实践行动：我该怎么用，我该用在哪里，我用的时候有哪些挑战。

培训后一个月内，我们要关注的是行动曲线，通过较低频率的提醒、鼓励和督促，让学员尽可能在工作中使用所学知识，实践所学方法，并通过实践和使用进行二次学习。

除了频率外，在不同阶段，反馈要求的难度也要尽可能做到由低到高。

培训后一天内的反馈要求可以低一些，主要是以提醒、督促和鼓励等为主，最多就是要求学员完成简单的书面考试。

培训后一周内的反馈要求稍高一些，主要是让学员思考并列出自己的行动方案与计划。

培训后一个月的反馈要求则更高一些，主要目的是让学员把实践应用的真实结果和切身体验梳理和萃取出来，这时候我们需要学员完成的是案例编写、行动经验总结甚至课程转训等高阶任务。

第二节　行动学习的衔接与转化

通常而言，行动学习在狭义上指的是打造学习与行动的链接，把学习的效果真正转化为行动的改善与优化。

从这一层意义来讲，培训学习被赋予了提高学员能力、赋能学员行动以及优化学员绩效的使命和目标。

事实上，这一使命和目标的实现并非易事，学习和行动之间经常会出现脱节。虽然脱节的原因有很多，但"木桶效应"让我们明白只有把完整课程拆分成专项能力相关内容才能更快更有效地促进整体能力提升和行动改善；"詹森效应"让我们认识到学员行为的改善与优化必须通过缩小"学"与"用"的"压力差"才能实现；"瓦拉赫效应"更让我们懂得学习后的行动转化与落地"与其补短不如扬长"的道理。将学习与行动有效链接的三个心理学定律如图6-4所示。

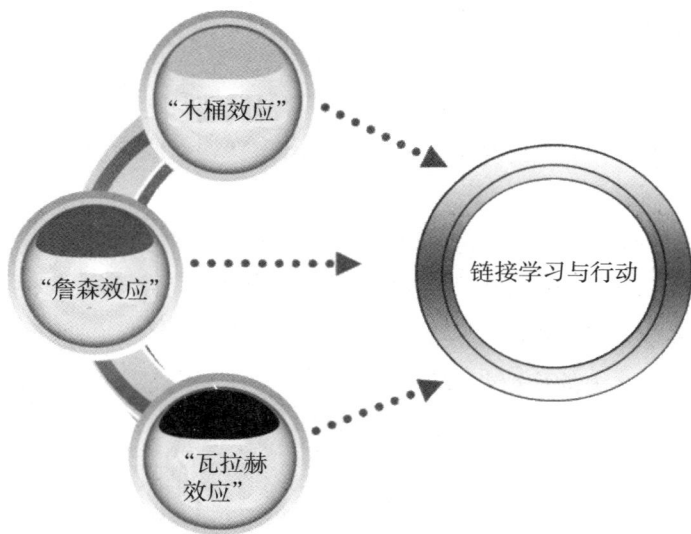

图6-4　将学习与行动有效链接的三个心理学定律

■ "木桶效应"——拆分专项能力

我们都知道，盛水的木桶是由许多块木板箍成的，因而盛水量也是由这些木板共同决定的。若其中一块木板很短，这块短板就成了整个木桶盛水量的"限制因素"。若要使木桶盛水量增加，只有换掉短板或将短板加长。"木桶效应"阐明了木板和木桶之间的关系，尤其是短板与木桶容量之间的关系，因而它又被称为"短板效应"。

在培训效果落地与转化时，我们也可以从"木桶效应"中得到借鉴启发，具体的做法可以用八个字来总结——拆分木桶、识别短板。

1. 拆分木桶——强化专项训练

众所周知，打高尔夫球的基础是挥杆。完全掌握挥杆动作是需要勤加练习的。很多初学者在听完教练讲解后，都会急不可耐地练习完整的挥杆动作。但始终不得其法，学习进展缓慢。

真正优秀的高尔夫球教练，会把整个挥杆过程拆成多个分解动作，并要求对每个分解动作必须单独练习和强化练习。等学员把分解动作规范掌握之后，再连起来完成完整的挥杆动作。

同理，培训之后的练习实践和效果转化也可以如此。培训组织者可以在讲师的支持和配合下，把课程内容拆分成更适合学员练习和实践的专项技能版块，这就类似于把一个完整的木桶拆分成一块块独立的木板。

以销售技能培训课程为例，它可以被拆分成"客户关系开拓""客户需求挖掘""产品价值呈现""客户异议化解""客户诉求谈判""竞争分析应对"等既独立又关联的专项技能板块。

2. 识别短板——确定优先专项

通过把知识点拆分成多个独立专项，学员可以根据自己的实际情况在专项清单中选出自己的薄弱项，并以之作为自己优先进行练习和实践的重点。

培训课程之后学员的应用实践，最需要注意的就是不能"眉毛胡子一把抓"，要分清优先顺序，划出时间序列。

这就好比修补木桶时要先补短板一样，学员把特别薄弱、急需改进的专项，置于练习和实践的优先位置，并将其设置为短期内的重点目标。至于其他专项的练习和实践，则完全可以暂缓，以减轻实践的负担。

不仅如此，对"短板型"专项一旦投入适当的时间和精力进行练习和实践，其效果和进展往往是立竿见影的。

培训结束后一个月内，学员最应该把实践和练习的重心放在"短板专项"上，以在最短时期内收获更多。

富有经验的讲师会在培训结束后给学员提供一份课程的"专项清单"。学员需要在"专项清单"上选出自己的"短板专项"，并提交给培训组织者以及自己的直接上司。培训组织者和学员的上司需要在训后一个月内密切关注、评估和指导学员在"短板专项"上的进步成长。

"木桶效应"让我们明白培训后效果落地和行动实践需要"化繁为简"的道理，而"詹森效应"则提醒我们绝不能忽视学员行为改善和能力提升中心理因素的重要性。

■ "詹森效应"——采用高压训练

有一名叫丹·詹森的运动员，平时训练有素，实力雄厚，但在体育赛场上连连失利。人们借此把那种平时表现良好，但由于缺乏应有的心理素质而导致比赛失败的现象称为"詹森效应"。

在2004年的雅典奥运会上，著名体操运动员李小鹏被大家一致看好，寄予了夺金的希望。在此前的2003年世界体操锦标赛上他获得了两个男子个人项目的冠军，2000年悉尼奥运会他获得了双杠冠军。可以说，只要发挥正常，他夺金的可能性是很大的。可是在男子单项的比赛结束后，他只获得了双杠项目的铜牌。在赛后采访中他表示，这次比赛给自己带来了很大的压力，导致了比赛发挥失常。

在日常生活中类似这样的例子也很多：有些学生平时成绩很好，一到大考就失利；有些人平时表现特别好，一到关键时刻就掉链子；等等。

正因为培训学习和行动实践之间存在"压力差"，即培训学习时压力较小而行动实践时压力较大，培训现场或课后练习要适当增加高压训练。

　　有效的高压训练有四个特征：制造随机性、众目睽睽、即时反应以及现场惩罚（见图6-5）。

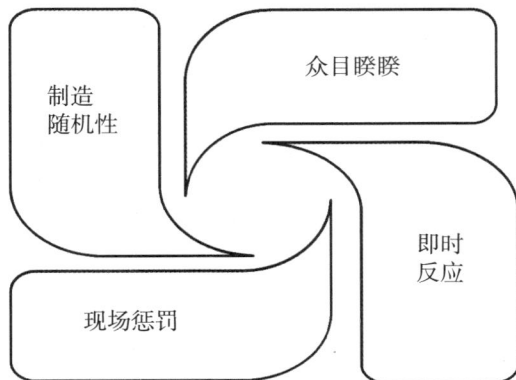

图6-5　高压训练的四个特征

1. 制造随机性

　　学员在接受测试和挑战时必须是毫无准备的，抽到哪个题目、怎样回答、用怎样的方式参与等，都是无法预知的。有经验的讲师会使用到骰子、扑克牌、转盘等教学工具去制造随机性。高压训练的目的是使学员把应用知识和技能变成"本能反应"。

2. 众目睽睽

　　学员需要在众目睽睽下保持镇定和冷静。我们需要把参与测试和挑战的学员放在全场焦点的位置，并动员全场所有人为其喊倒计时，以制造心理上的紧张感。

　　我们都知道，有不少人在公共场合不敢发声，胆小内向，但在私下活泼开朗，侃侃而谈。之所以会产生这种现象，是因为在公众场合人的一举一动都在所有人的关注之下，这会对人产生心理压力和紧张感。通常，培训现场关注者的人数越多，被关注者的压力值就越高。

3. 即时反应

　　真正有效的现场练习和情景挑战应该是在学员毫无准备的情况下展开

的。例如，在看到练习或挑战的题目与要求后，学员需要立刻答题，并且必须流利呈现答案。任何迟疑、停顿、卡壳的表达，均会被判定为不合格。我们需要尽可能缩短学员的思考时间，训练学员一看到题目就马上做出反应。

4. 现场惩罚

学员一旦答题失败，就要接受相应的惩罚。当然，惩罚的方式可以多种多样，要实现既能施压又能活跃气氛的双重目的。惩罚可以是俯卧撑、站指压板等"体育节目"，也可以是唱歌、跳舞或其他才艺展示的"文艺节目"。

■ "瓦拉赫效应"——补短不如扬长

奥托·瓦拉赫是诺贝尔化学奖获得者，他的成功过程极富传奇色彩。瓦拉赫在开始读中学时，父母为他选择了一条文学之路。不料第一学期结束后，他的老师写下了这样的评语："瓦拉赫很用功，但过分拘泥，难以成为文学人才。"

此后，父母让他改学油画，可瓦拉赫既不善于绘图，也不善于调色，他的绘画成绩全班倒数。面对如此"表现差劲"的学生，绝大部分老师都认为他成才无望，只有化学老师认为他做事一丝不苟，具备做好化学实验的素质，因此建议他学化学。这一转变让瓦拉赫智慧的火花一下子被点燃，终于获得了巨大的成功。①

瓦拉赫的成功说明了这样一个道理：人的智能发展是不均衡的，每个人都有强项和弱点。一旦找到了发挥自己智慧的最佳项，每个人都可以取得惊人的成绩。后人便把瓦拉赫的成功规律称为"瓦拉赫效应"。

"瓦拉赫效应"告诉我们，一味地苛求所有学员都达到统一的效果和标准化的预期，虽然看似美好，但实际上是违背人才培养规律的。

即便学习了相同的内容，不同学员因为天赋和背景等方面的差异，提

---

① 瓦拉赫效应：懂得经营自己的长处，才能够获得成功［EB/OL］.（2021-08-25）［2023-09-01］. https：//zhuanlan.zhihu.com/p/396769437.

升方向和实践重点也是各不相同的。

因此，我们完全可以换个视角，把培训后的重心从"改变学员的普遍不足"转移到"发挥学员的各自优势"上来。

1. 把"改变不足"变成"发挥优势"

这个转变可以建立在以下三个环环相扣的问题的基础之上。

在这门课程中，学习应用哪些内容你和别人相比是具有一定优势的？

在这些有相对优势的内容中，又有哪几个是这次培训课程能给你带来提升的？

在这几个给你带来提升的优势内容中，又有哪一两个是你能确保做到的？

上述问题能帮助学员筛选出既符合自身特长又能立刻学以致用的培训内容。可以预见，不同学员回答上述问题时给出的答案可能会差异很大，但这恰恰是"瓦拉赫效应"的价值体现。

和许多"复杂冗长"且"负荷沉重"的培训效果落地方案相比，差异优势导向的培训效果方案主张"化繁为简"，甚至往往只要求"1 到 2 点"，即要求学员精选出最符合自己特长又能提升能力的 1 到 2 个改进点。

挑选出这"1 到 2 点"看似简单，但有如下四个不可被忽视的益处。

一是"1 到 2 点"数量极少，会让学员感觉任务轻松，要求简明，因此最容易被贯彻执行和坚持。

二是贴合学员的自身优势，因此落地实践的起步难度较低，容易上手。

三是能发挥学员的个性化兴趣与优势，落地实践的成功率高，容易很快看到进展和效果。

四是这"1 到 2 点"展示的是个体最佳的一面，将之汇总起来，有利于整体的岗位经验萃取和最佳实践提炼。

2. "整体统一性"和"个体差异性"

当然，对于任何一门标准的培训课程而言，学员需要在学习上与其他学员产生共识，在实践上形成共性成果。

作为讲师，我们不但要尽量让学员发挥自己的差异化优势，追求个性化，还需要为全体学员设定共性的行动标准和实践要求。

每次培训后我们都要对全体学员提出一些需所有人配合的事项，每个人都是无差异的。事项难度尽量适中一些，因为需要人人做到，这就是"整体统一性"。除此之外，我们需要鼓励学员尽可能突破自己的"天花板"，发挥出自己最大的优势，总结学习后的独特经验，这就是"个体差异性"。

3. 评估学员的同质化程度

"瓦拉赫效应"还能评估同一批学员的同质化程度。有些时候我们会惊讶地发现，很多学员不约而同地选择了同样的优势项，并且取得的进展和成果也很类似，那就表明这批学员的同质化程度很高。那我们就可以对他们提出更多共性的要求和统一的标准。

反之，如果我们得到的结果是学员之间同质化程度较低，那我们就要进一步减少对他们提出的共性要求和统一标准。

第三节　培训效果落地的挑战与推动

培训雷声大雨点小或不了了之的现象时有出现。打个不恰当的比方，这就好似在健身房训练时因为有教练的现场指导和近身督促，学员一般都能把既定的高强度动作完成。然而一旦回到家中要完成教练交代的在家训练计划，很多学员则会因为缺乏外在约束和自律自控而虎头蛇尾。正因如此，"破窗效应""冷热水效应"以及"共生效应"三个心理学定律带给我们的启发才如此重要和有价值（见图6-6）。

■ "破窗效应"——坚持来自不破

美国斯坦福大学的心理学家菲利普·津巴多于1969年进行了一项实验。他找来两辆一模一样的汽车，然后停放在不同的地方。一辆车停在中

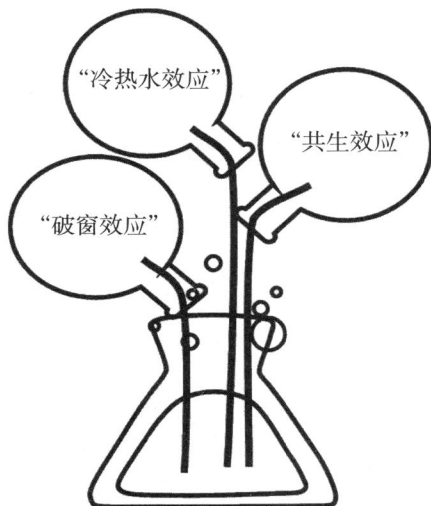

图 6-6 推动培训效果落地的三个心理学定律

产社区，另一辆停在相对混乱的街区。他将停在混乱街区的那辆车的车牌摘掉，并打开了顶棚，结果这辆车当天就被人给偷走了。

而停在中产社区的那辆车，一个星期也没有被偷走。但接下来发生的事就很有趣了。菲利普·津巴多用锤子将这辆车的玻璃敲了一个大洞，结果仅仅过去了几个小时，这辆车就不见了。①

在这项实验的基础上，威尔逊和凯琳提出了"破窗效应"这一重要的定律。"破窗效应"表明，如果有人打坏了一幢建筑物的窗户玻璃，这扇窗户得不到及时维修的话，那么就会有更多的窗户玻璃被打坏。

"破窗效应"在人们生活中随处可见。在原本很干净的楼道，若是有人将一包垃圾扔在角落里且不及时清理掉的话，那么就会有更多的垃圾被扔在这里，最后这个角落就可能变成一个垃圾堆。一位励志坚持健身的人，如果在执行健身计划时有一次中断，那之后整个健身计划很可能连续中断，最后不了了之。

———————————

① 破窗效应：别让"小问题"毁掉你的生活［EB/OL］.（2023-04-21）［2023-09-01］. https：//zhuanlan.zhihu.com/p/623665038.

"破窗效应"表明，原本的一个小问题如果不能及时修正，相关问题就会越来越多，继而引发一系列更为严重的后果。

在培训结束后的落地转化过程中，我们也要密切关注和提防"破窗效应"的发生。再好的落地方案，再好的行动计划，也会因为"破窗效应"的出现而不能一以贯之，最终不了了之。那么我们该如何避免"破窗效应"对培训效果转化和行动实践的破坏作用呢？

1. 培训落地转化宜"轻"不宜"重"

绝大多数企业的培训管理者，都特别重视和强调培训效果的落地转化和行动实践。因而，很多培训管理者总是希望和讲师一起，为学员安排和设置名目繁多的落地方案和行动计划，并且不断在原有基础上叠加新项目、新做法和新要求，如课后考试、行动清单、案例编写、复盘会、转训、共创活动等。

这样做貌似能更好地提升培训效果的落地转化和行动实践，但实际上对于参训学员而言制造了巨大的时间成本和额外负担。

不仅如此，对培训管理者而言，需要完成各种监督、跟进、检查、反馈、总结，不仅工作量大，而且达成的难度很高。

因此，如果培训后落地方案设置得负荷"过重"，那对于不管是学员还是培训管理者来说，这些都变成了"负担"。

"重负荷"的培训落地转化计划会轻而易举地引发"破窗效应"。面对层层叠加的课后任务，学员在执行中很容易制造第一个"破窗"，即在某个时间期限内对某一项要求未完成、未交付或未反馈，甚至故意抵触。

培训管理者和讲师应该尽量寻求培训效果转化的"轻落地"，尽量从做"加法"变成做"减法"，能在培训课堂内完成和实现的就不要放到结束之后。这是培训效果落地转化中一个重要的思维转型。

2. 针对常见的"破窗点"设置负面清单

一旦明确了培训效果落地转化的计划和方案，我们一定要做现实主义者而非理想主义者。计划和方案看似完美，但并不能掩盖在其中部分要求和节点极容易产生"破窗效应"的事实。

因此，我们一定要用心梳理整个培训落地计划和方案中那些"破窗点"，提前设置负面清单并发出预警。

这就好比在建筑物上那几个容易被破坏的地方提前安装好警报器，并贴上警告标识，告诫所有人破坏窗户会产生什么后果，得到怎样的惩罚。

一般列计划和方案时我们倾向于设置正面清单。正面清单往往明确"希望大家做到什么""建议大家该如何做""期待大家做出怎样的成果"等，但正面清单是很难防范"破窗效应"的。

而负面清单反其道而行，只约定"什么绝对不允许做"。一般而言，负面清单上所列的事项数量并不多，三至五条较为合适，应精准地指向"破窗点"。

培训的落地要求和行动计划必须配套对应的负面清单。培训管理者、讲师甚至学员的上级需要通过书面或口头形式不断宣导和强调负面清单，以深入人心，让学员远离可能的"破窗点"。

3. 及时修补"破窗"

一旦发现有些学员未完成、未提交或未坚持某些任务，即产生了"破窗"，我们对"破窗"的修补势在必行。

修补"破窗"的一种常用做法便是任务重置。举个简单的例子，某个培训班的学员需要在培训后一周内完成该课程配套的测评。但我们发现有部分学员过了截止日期依然未能完成测评，即便讲师多次提醒，响应者寥寥。

这时候我们就必须意识到"破窗效应"已经产生了。一旦开了这个头，后面的案例萃取、要点复盘、直播汇报、方案创新等落地行动计划的推动会难上加难，因为这部分学员在心理上已经"破罐子破摔"了。

我们可以告知全体学员课后测评其实是一种自愿行为，可以参加也可以不参加。并且我们要告知所有人目前绝大部分学员已经主动完成了测评，参与率远超预期，值得肯定和表扬。这样做，不仅是对那些完成测评学员的鼓励肯定，更是暂时修补了那些未参与测评学员心中的"破窗"，以化解已经发酵的"破窗效应"。

下一步，我们需要为这些学员设置一个相对简单的替换性任务，如写

100 字的学习感言。为了确保学员 100% 执行这一新任务，我们必须配套严格的负面清单，以防止"破窗效应"的再度出现。

一旦我们发现有个别或极少数学员产生了"破窗效应"，则需要尽一切可能防止"破窗效应"在所有学员中快速传播，引发群体"破窗效应"。

我们要会同学员的上级快速与学员进行私下沟通，一方面要求其不可让自己的问题影响其他学员，另一方面要督促其在限定时间内完成对应的任务。

"破窗效应"告诫我们要预防培训"不了了之"和"虎头蛇尾"，而"冷热水效应"则建议我们通过制造"先冷后暖"的反差以提升学员的配合度。

■ "冷热水效应"——制造冷暖反差

准备一杯温水，保持温度不变，另有一杯冷水和一杯热水。当我们先将手放进冷水中然后再放到温水中，会感到温水很热；而当我们先将手放在热水中再放到温水中，会感到温水很凉。同一杯温水，让人出现了两种不同的感觉，这背后就是心理学中的"冷热水效应"。

不少学员都身处忙碌的工作和生活节奏中，让他们挤出时间来完成培训的课后作业和参与培训后的实践行动，其积极性和主动性其实难免是相对较弱的。对于培训组织者或讲师提出的课后要求，不少人在具体执行时会大打折扣，只能做到其中的一小部分。

正因如此，我们可以借鉴"冷热水效应"的原理，运用制造冷暖反差的手法来提升学员的配合度和执行力。

例如，先提一个对方难以完成的 B 要求，对方肯定会拒绝，这时可以提出比较实际的对方可以完成的 A 要求，对方在很大程度上就会接受 A 要求，这就是应用"冷热水效应"比较通俗易懂的解释。

1. "冷热水效应"在任务量上的应用

在学校教育中，"冷热水效应"的使用也很常见。比如，有位语文老师为了学生更好地运用所学知识，希望学生们写一篇一千字的作文。

为了避免学生产生抵触情绪，该语文老师先要求学生每个人写两篇均为两千字的作文。不出所料，学生叫苦连天。这种情况下，该老师说这次就特别网开一面，只要写一篇一千字的作文即可，于是学生非常开心地接受了这一要求。该语文老师先让学生们感受到冰凉的"冷水"，然后端来相对暖和的"温水"，学生的接受度就大幅度提高了。

同理，在培训结束后，对于课后作业和学习落地要求，我们可以先让学员感受寒意刺骨的"冷水"。当学员对各类练习、考试、汇报等感到不堪重负时，我们再主动把"冷水"变成"温水"，宣布大幅度减少课后作业减低相关要求，但要求学员必须百分百做到。在这种"先抑后扬"下，学员的配合度和执行度普遍非常高。

2. "冷热水效应"在推动力度上的应用

"冷热水效应"还可以体现在我们对学员的推动力度上。

对于部分学员而言，我们可以多运用鼓励、赞美、包容等正面引导的手段。但是对有些学员而言，如果我们一开始就给他们提供这样温暖的"热水"，他们就很有可能产生"可做可不做""尽力就行""不用太认真"等不良心态和散漫习惯。

因此，在培训后实践应用的初期阶段，我们对此类学员一定要呈现"冷"的姿态，即用严肃的态度、严格的要求甚至严厉的措辞，让学员意识到课后任务的不可妥协性和强制性。

在培训后实践应用的中期阶段，我们要给此类学员同时提供"冷水"和"温水"，既要打压其骄傲的心态和过度良好的自我感觉，又要给予正面积极认可和鼓舞。

而在培训后实践应用的后期阶段，我们则要给此类学员多提供"温水"，多鼓励、多支持、多认可，多正向激励，让他们从先冷后热的反差中得到感召。

"冷热水效应"告诉我们，培训后不同阶段可以通过对学员先冷后热的态度来提升他们的执行力，而"共生效应"则强调培训后"群体互动"的重要性。

■ "共生效应"——激活学习社群

自然界有这样一种现象：当一株植物单独生长时，会显得矮小和单调。而当它与众多同类植物一起生长时，则根深叶茂，生机盎然。人们把植物界中这种相互影响、相互促进的现象，称为"共生效应"。

事实上人类群体中也同样存在"共生效应"。英国的卡文迪许实验室产生过数位诺贝尔奖获得者，这便是"共生效应"的一个典型。

如果要给"共生效应"一个定义的话，它指的是群体中的个体在从事日常的工作和学习时，受到群体中其他成员智慧、能力及以往劳动成果的影响，从而在思维上获得拓展启发，在能力水平上得到有效提高的现象。

在培训之后的练习应用实践行动中，如果我们过度依赖学员个体的自觉和高度自律，想要学员达到预期的效果是有较大难度的。对大部分人而言，仅仅依靠自己的练习、反思、总结和实践，缺乏与其他人的紧密互动和群策群力，很容易导致信息封闭和产生厌倦的情绪。

因此，为了有效推动培训后的练习应用实践行动，我们应该尽量避免过度依赖"个体效应"，而应充分借鉴和利用"共生效应"。

一堂培训课结束之后，学员回到各自的岗位，彼此关于学习内容的交流和互动越来越少，"共生效应"基本湮灭。

针对这一状况，我们可以通过建立、维护学员的学习社群来发挥"共生效应"对培训后学习实践的持续推动作用。

学习社群本质上是培训活动在"组织机制"上的延续。如果学员返回工作岗位之后面对面交流的场合和机会越来越少，则学习社群完全可以通过线上的方式来组建和运营。

不过让人沮丧的是，在很多培训之后建立的学习社群中，成员极少有互动和交流，整个社群死气沉沉，最终成为形式大于实质的"死群"。

因此，学习社群的建立固然容易，激发社群活力发挥其背后的"共生效应"才是关键。设置隐性角色、让人带动人、内嵌资源价值、建立结对机制、牵头横向交流，这些都是激活学习社群的可借鉴做法。激活学习社群的五种做法如图6-7所示。

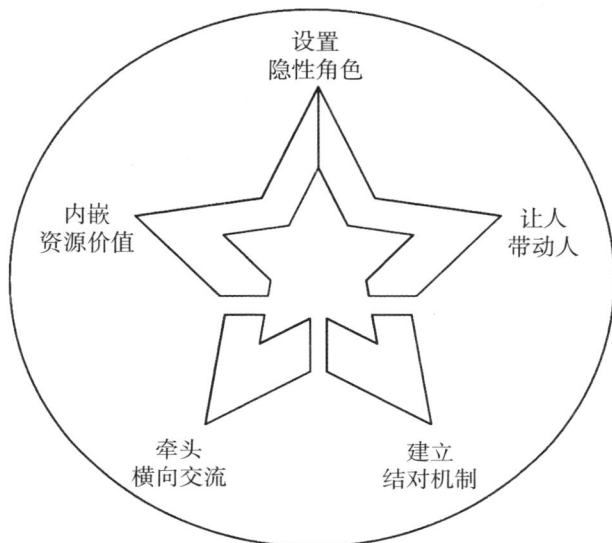

图 6-7　激活学习社群的五种做法

1. 设置隐性角色

在学习社群中，我们应该设置负责激发成员互动交流欲望动力的角色。除了班长、管理员、组长等显性角色外，我们更需要设定好能在暗中起作用的隐性角色，如"话题发动者""资讯推送者""气氛活跃者"等，这些隐性角色能在我们的授意、指导和奖励下，持续不断地调动成员，把社群充分激活。

2. 让人带动人

"共生效应"的核心是向优秀者学习，让先进者带动后进者，通过主动者带动被动者。因此，和制定各种社群的规则相比，更为重要的是发挥人带动人的效应。我们要通过各种激励机制，鼓励学员中的优秀分子和积极分子主动分享自己在课程内容实践使用中的心得体会、现实成果。官方组织和社群带给学员的感受是不同的，我们要尽量让学员感受到这种差异。官方组织是相对官方的，是自上而下推动的；而社群则是自发形成的、自由的、轻松的，是由学员的互动推动的。

3. 内嵌资源价值

任何社群如果仅仅只有学员的交流互动，热度就会递减，新鲜感就会丧失，活跃度就会下滑。因此我们需要阶段性地为社群注入价值和资源，以此吸引成员的关注和参与。例如，定期邀请专业人士入群互动分享，定期在群内提供一些资料、工具等，定期发布一些针对群成员的福利政策，阶段性邀请讲师在群里进行答疑解惑，阶段性为成员争取一些外部资源。高附加价值的社群能极大增强对学员的吸引力。

4. 建立结对机制

实践表明，两两结对的学习效果要远优于一个人的独立学习效果。在培训课程结束之后的实践应用阶段，我们可以发起"寻找我的学习搭档"等活动，让学员主动寻找愿意和其一起复盘课程和实践的学习搭档。在后续的跟进和检查中，我们可以不评价和考核学员个人，而是评价和考核搭档组合。这样做的目的就是发挥"共生效应"的积极作用，产生"1+1＞2"的学习效果。

5. 牵头横向交流

"共生效应"不该被局限于单个培训班内部学员之间的共生互动，更可以让培训班的学员与外部的人群进行交流、切磋和取长补短。比如，近些年比较流行的"标杆学习"，就是组织学员到优秀的企业去参观、交流、取经，其本质也是利用"共生效应"促进学习成长。

学习社群内的学员可以横向交流的对象有很多，可以是同一讲师培训过的其他班级群体，可以是同类课题的优秀标杆，更可以是部分学员推荐的来自外部的杰出个人或团队。

第七章

培训分析规划与组织铺排

第一节 培训需求分析与规划

在进行培训需求分析与培训课程规划时，我们除了要借助大量实用的表单、流程等以实现规范化管理与标准化执行，也不能忽视从心理学中去汲取重要思路和有益启发，以规避误区和问题。"墨菲定律""温水煮青蛙效应"以及"定式效应"这三个心理学定律分别提醒我们什么是培训干预的最佳教育期，什么是学习成长的"多重境界"以及什么是定式思维的"认知偏差"。

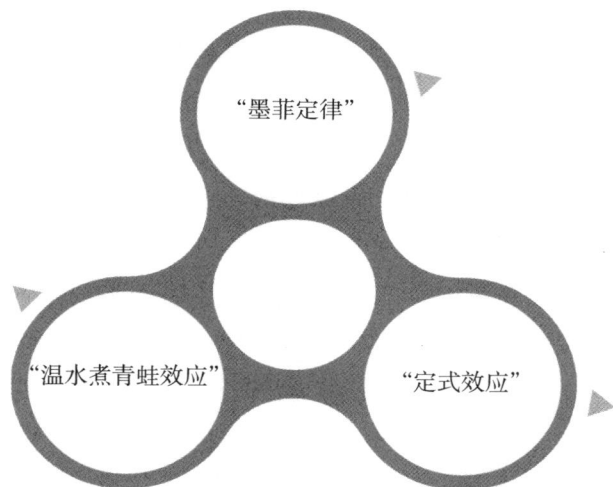

图 7-1 培训需求分析与规划中的三个心理学定律

■ "墨菲定律"——培训干预的最佳教育期

"墨菲定律"源于墨菲的故事，现在被表述为如果坏事有可能发生，不管这种可能性多么小，它总会发生，并会引起最大可能的损失。

由于"墨菲定律"的客观存在，当事物处于不良变化的初期，我们就要敏锐识别、及早规划，并在最佳窗口期内实施介入和改善。在教育培训领域，这个最佳窗口期又被称为最佳教育期。

1. 识别最佳教育期

在规划和组织培训活动时，"墨菲定律"带给我们的第一个重要启发便是最佳教育期的存在。无论是心理类培训、知识类培训、技能类培训还是其他类型的培训，除了培训活动本身的水准与品质外，实施培训的时机也是影响效果的关键因素之一。

培训活动究其本质而言是一种干预行为，即针对学员身上存在的不足（如知识、心态、技能、思维等方面的不足），通过培训这样一种方式去改善、修正，提升能力。

一个不争的事实是，不少企业培训活动的规划和实施，往往发生在问题比较明显与严重的时候。比如，当销售人员在业务活动中因各种能力问题导致业绩严重下滑时，组织销售技能培训的计划才会被推到台前；当生产车间存在各种混乱和差错导致效率与品质出现严重问题时，安排一场生产管理改善培训的设想才会被提交讨论；当新晋管理者被提拔较长时间后才被发现能力不能胜任管理职位，此时规划一场领导能力培训的需求才会得到高度重视。

在上述状况下，即便培训组织再用心，课程内容设计再贴切，课程现场反馈再热烈，培训对所存在问题的扭转程度和改善效果也会因为错过了最佳教育期而大打折扣。

企业的培训负责人必须清晰认知的是，当需求部门主动提出培训需求时，培训实施有效干预的最佳教育期往往已被错过。并且很多需求部门对培训后起到的改善效果期望很高，这就会给培训的规划、组织、实施等带来极大的挑战。

在幼儿教育领域，孩子经历的每一项训练或每一项教育内容都会有相对应的最佳教育期。虽然不同孩子的成长过程是不同的，但最佳教育期却是类似的，是有规律可循的。

成人学习和职业培训也是如此，相同的岗位或相似的入职阶段，都有对应的最佳教育期。以新员工培训为例，一般职场新人入职后的三至六个月是最佳教育期。在这个阶段他们对一切都充满好奇和新鲜感，求知欲强，愿意改变，通过培训"快速塑模定型"的效果是最好的。

销售技能培训的最佳教育期是业务人员入职之后的一至两年。在这个阶段，业务人员通过在市场中的实际历练积累了一定的销售经验，但能力往往会进入瓶颈期。此时他们迫切希望掌握更好的销售策略和技能方法来解决遇到的实际问题挑战，因而他们对业务技能培训的渴望和接受程度是非常高的。而那些从事销售工作三年甚至五年以上的业务人员，则普遍已形成了相对固化的销售习惯和业务思维，并且心态上也进入了倦怠期，因而通过销售培训对其进行提升和改变的难度相对较大。

"墨菲定律"提醒我们，培训效果的好与坏在一定程度上取决于其实施的时机是否在最佳教育期之内。企业的培训负责人在规划培训活动时，不仅要充分考虑 Who（讲师和学员定位）、What（课题和内容把关）、How（形式界定）和 Where（场地和空间选择），也要精准地确定 When（时机选择和窗口期识别）。

2. 设计进阶型培训

"墨菲定律"告诉我们，事物演化过程的不同阶段，问题挑战的严重性和后果是不一样的。从初期问题较小后果较轻，到中期问题发酵后果变大，直到后期问题恶化后果严重。

同理，培训对象在职业生涯发展的不同阶段，遇到的问题挑战性质是不同的，是递进和变化的，是符合"墨菲定律"的。

因而，我们可以考虑针对某些关键岗位或重要职级规划进阶型培训。进阶型培训意味着培训之间不是脱节的，而是层层递进、不断升级的，内容和焦点不断推进、延伸和升级。这就好比打游戏一样，低阶的一关打通后就会自动升级到高阶的一关。

我们都知道在物理学中电路的连接方式有并联和串联。如果针对某类受众的不同培训课题是没有递进关系的，是相互并列的，即为课程规划的"并联"。如果针对某类受众的不同培训课题是由一条主线贯穿起来、层层递进不断升级的，即为课程规划的"串联"。而"串联"关系正是进阶型培训背后的底层逻辑。

我们需要根据对培训对象整个职业生涯中过去、现在以及将来面临的各类问题挑战的洞察，确定一条清晰的主线，并且在主线上嵌入一个个不断递进的培训课题。当然，这种洞察离不开充分调研访谈以及学员上级领导提供的经验和反馈。

用"串联"法来设计进阶培训，本质上就是站在"墨菲定律"的视角预判培训对象未来面临的问题挑战以及对应产生的培训需求。

当然，这里所指的进阶，不仅仅是课程内容的升级，也可以是培训手段和方式的升级。

例如，在某企业为其质量部门规划的进阶培训中，第一次采用的是传统的课堂培训，目的是全面系统导入质量管理的思维、标准和工具。第二次采用的是课堂培训与"微信群辅导"相结合的方式，即讲师在每次培训结束时会布置作业，一周后通过微信群进行作业的点评与辅导。第三次采用的是工作坊的方式，即针对企业在质量管理方面存在的问题和挑战，讲师与挑选出的资深学员一起"现场共创"与"经验萃取"，并当场输出一套切实可用的解决方案。

当然，在进阶型培训中可以用来升级的培训手段与方式还有很多，如案例研讨、专项沙盘、问题复盘、一对一教练以及微咨询等。

"墨菲定律"提醒我们培训的规划一定不能忽视最佳教育期，而"温水煮青蛙效应"则启发我们要特别关注为数众多的"温水青蛙"型学员。

■ "温水煮青蛙效应"——学习成长的多重境界

把一只青蛙直接放进热水锅里，由于对不良环境的刺激十分敏感，它就会迅速跳出锅外。但如果把一只青蛙放进冷水锅里慢慢地加热，它并不会立即跳出锅外，随着水温逐渐提高，青蛙最终被煮死了。"温水煮青蛙效应"告诉我们，一些突发事件往往容易引起人们的警觉，而在自我感觉良好的情况下人们对实际情况逐渐恶化会变得麻木。

在进行培训需求分析和培训课程规划时，"温水煮青蛙效应"值得我们的高度重视。一般而言，任何人的学习成长都可以被分为以下四重境界（见图7-2）。

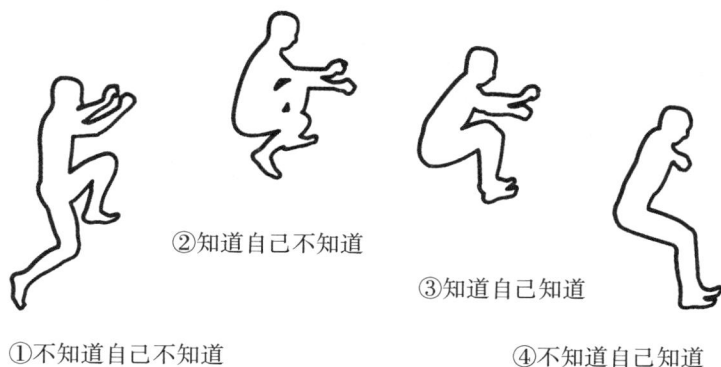

②知道自己不知道

③知道自己知道

①不知道自己不知道

④不知道自己知道

图7-2 学习成长的四重境界

（1）第一重境界：不知道自己不知道

自以为是，妄自尊大，盲目自信，不觉得自己存在问题，不认为自己需要学习，甚至认为自己什么都懂。

（2）第二重境界：知道自己不知道

经历过一些事物后，发现了自己的不足，心存敬畏，产生求知欲望，希望通过学习改变自己。

（3）第三重境界：知道自己知道

抓住了事物的规律，学会了方法技能，并能有意识、有目的地运用起来，产生良好效果。

（4）第四重境界：不知道自己知道

不断学习应用已经变成了一种自发自觉的习惯，达到了知行合一的境界，变成下意识的反应。

处于第一重境界的人就好比温水中的青蛙，他们自我感觉良好，没有危机感，不觉得有挑战，不觉得自己需要任何改变。这类人的存在必须引起我们的足够重视。

上述四重境界尤其是第一重境界给我们的培训需求分析和培训课程规划工作指出了三个需要重点关注的内容。

1. 学员挑选的误区

不少企业都采用内部自愿报名或内部公开课的方式来选拔参训学员。

这样做的好处显而易见，自愿报名的人学习欲望更强，并且与课题的匹配度更高。但是，我们发现很多自愿报名的学员，往往处于学习成长的四重境界中的第二重境界，即知道自己不知道。而那些不愿意报名参加的人群中间，则有极大比例的人都处于第一重境界，即不知道自己不知道。这类人群是典型的"温水中的青蛙"，他们安逸地生活和工作在自己的舒适区，不想学习，不思改变。

事实上，处于第一重境界的人，恰恰是最需要通过培训来提升认知、扭转思维、触发改变以及触动反省的。而自愿报名的机制就把这类重要的参训对象忽略了。

我们在很多城市的大广场、购物中心以及社区周边会看到不少各种类型的辅导提升机构。以这类机构的招生为例，如果单纯依靠处于第二重境界的学员自愿报名，那能招到的人数是非常有限的。因此，不少机构会推出免费的线下体验或线上体验，把推广的目标对象扩大到处于第一重境界的人群。

免费的体验课让原本处于第一重境界的对象打开眼界、改变认知、发现不足，产生迫切希望改变自己的冲动，这样做的本质其实就是把处于第一重境界的人群人为地转移到了第二重境界。

同样，一次精心准备、切中要害的体验型培训、导入式培训或培训前宣导会，或许也能让"温水青蛙"型的学员快速意识到自己的问题以及面临的危机风险，把其从第一重境界转移到第二重境界。

2. 需求调研的不足

培训开始前的需求调研和学员访谈是精准定位课程内容和授课方式的重要手段。但是我们发现，大多数培训需求调研都是直接询问需求部门或参训学员本人的看法。比如，用较为直白的方式询问参训学员自身存在哪些问题，询问他们自认为在哪些方面需要改进提升，询问他们觉得自己需要学习哪些知识、方法或技能等。

很明显，这类需求调研仅仅对处于第二重境界的学员才会有效，因为他们已经处于知道自己不知道的阶段。而对于处于第一重境界的人，这类需求调研是很难获得有价值的信息的。因为这类学员不知道自己不知道，他们不觉得自己身上存在问题不足，不觉得自己在某些方面需要改善提高，甚至不觉得自己有参加培训和通过学习进行改变的必要性。

因此，对处于第一重境界的学员，培训需求调研必须更加精准。近年来，"测训一体化"已经成为教育培训领域一个全新的趋势，科学精准的测评工具能助力培训需求调研，使之变得更加精准和有效。

测评最大的优势就是能映射出学员自己都不清楚的"认知盲区"和"能力短板"。即便测评的结果并不一定百分百精准，但依然可以作为常规培训需求调研的有力补充和重要参考。测评可以更准确地评估"温水青蛙"型学员的真实状况、问题不足和对应的培训需求。

打个不恰当的比方，面对正在温水中被煮的青蛙，如果直接问它存在哪些问题以及需要怎样的帮助，青蛙或许会回答一切皆好，保持现状即可。而科学的测评工具和手段，就相当于用一个温度计向青蛙展示水温上升的客观数据和严峻事实。

3. 培训目标的升级

如果培训对象都于处于学习成长的第一重境界，我们在进行培训规划时就需要兼顾"打破固有思维"和"传授方法技能"双重目标。

对于那些以讲授技能方法等"干货"为主的培训，如果处于第一重境界的学员不认为自己存在相关的不足问题，不觉得自己有学习相关方法技能的必要性，此类培训在开展的过程中一定会遭遇到思维壁垒和惯性抵触。

因此，企业的培训负责人和讲师一起进行培训目标界定时，要把打破学员惯性思维、促进学员自我反省以及改变学员认知，作为培训要达成的首要目标。

不妨把传授给学员的技能方法、工具等"干货"，作为我们需要吸引学员学习的"亮点"。但如果学员们普遍自我感觉良好，不知道自己不知道，那这些"亮点"也无法产生足够的吸引力。

在这种情况下，培训的首要目标应该是挖掘学员身上的"痛点"，即让他们认知到自己身上存在的问题短板。在大多数情况下中，学员对"痛点"的认知越强烈，其对"亮点"的渴望也就越强烈。

"温水煮青蛙效应"提醒我们要精准界定学员的学习成长境界，而"定式效应"则告诫我们要防止因定式思维而产生误导。

■ "定式效应"——思维定式的误差修正

有一个农夫丢失了一把斧头，怀疑是邻居的儿子偷的，于是观察其走路的样子、脸上的表情，感到其言行举止就像偷斧头的贼。后来农夫找到了丢失的斧头，他再看邻居的儿子，竟觉得其言行举止中没有一点偷斧头的模样了。这则故事描述了农夫在"定式效应"作用下的心理活动过程。

所谓"定式效应"指的是人们在认知活动中用已有的知识经验来看待当前问题的一种心理反应，它也被称为"心理定式"。

"定式效应"常常会导致我们在认知上的偏见，阻碍我们正确地看待自己以外的人和事。"定式效应"在培训中也客观存在，它可能导致我们产生判断上的盲区和偏差，但同时能被我们利用，用于优化培训的分析和规划。

1. 避免"定式效应"产生的认知偏差

有时候我们会习惯性地对培训对象产生定式判断。比如，很多人认为销售人员比较外向活跃，因此培训课程一定要多互动、多交流、多让他们尽可能表现自己；而生产和技术岗位的人则偏内向和寡言，因此培训课程应尽量多分享"干货"，多讲解透彻，没有必要安排太多他们兴趣不大的互动讨论。

我们会想当然地认为，职位越高的管理者在培训中越希望保持矜持、风度，他们一定不喜欢被提问，不轻易表达自己。基于这样的固定认知，很多培训负责人在组织中高层管理者培训时往往倾向于采用"以听为主"的专题讲座形式。

我们或许会约定俗成地认为，传统国企的文化是严肃、讲规矩的，因此培训安排要尽可能中规中矩，培训讲师最好是有一定年纪的专家教授。外企的文化是开放、自由、无拘束、随意挑战的，因此培训课程需要加入大量的演练、讨论、共创环节，而培训讲师则一定要会讲英语，并且外表洋气。

我们也许会想当然地觉得沙盘培训一定是形式大于内容的，体验式培训一定是没有实质性"干货"的，拥有同行业背景的讲师一定是最适合的，从业时间更长的讲师一定是功力更加深厚的。

有些培训负责人在评估候选讲师时，一旦觉得该讲师普通话不是十分标准和流利，就会立刻产生"否定"的念头。按照他们的习惯判断，如果讲师的普通话不够好，是很难相信他们能交付品质过硬的培训课程的。

经验的确可以帮助人们建立有效的基本判断和初步评价。但凡事有利就有弊，这种建立在以往经验基础上的判断，很可能对我们的培训需求分析和规划提供错误的信息。

由于"定式效应"的影响，我们在培训需求界定、培训课题选择、培训方式确立、培训讲师筛选等环节，都有可能先入为主，产生预设。这种预设会在很大程度上干扰本应更理性的思考和评价，并让我们跳过本应更规范更严谨的把关节点。

所谓时移世易，随着时代的发展，很多事物都发生了很大的变化。比如，外勤部门员工和内勤部门员工的性格差异正在缩小，做内勤的员工也比较喜欢活泼、有互动的培训形式；很多企业的中高层管理者越来越年轻，他们并不喜欢古板老套的培训方式；各种培训方式都在相互借鉴与融合，体验式的培训也在融入方法论，而讲授式的培训也在强化体验感和互动性；不少非本行业出身的讲师，因其极强的顾问和学习能力，比本行业出身的讲师授课针对性更强，内容吻合度更高。

正因如此，在新变化和新环境中，我们也要从"定式效应"中跳出来，学会"逆定式"思考，实施"逆定式"的培训分析与规划。

2. "定式效应"强化与弱化的选择

思维定式的帮凶是反复练习、重复训练、强化具体方法、关注问题细节，而思维定式的克星则是创新思维、扩展视野以及不断自我更新。

基于上述特征，面对不同类型的培训课题，我们对于"定式效应"有完全不同的强化和弱化选择。

具体而言，对于"硬知识硬技能"类的培训，"定式效应"需要被强化。所谓"硬知识硬技能"，指的是那些需要通过死记硬背不断重复来掌握和巩固的学习内容，如政策法规、技术理论、流程规范、基本概念等。

对于"硬知识硬技能"类的培训课程，我们要遵循以内容简化、标准答案、不断重复以及多次考试为特征的强化模式。

（1）内容简化

要尽量把内容提炼得简单明确，而且单次培训内容不能太多，否则不利于后续的复习。

（2）标准答案

要尽量提供标准答案而不是让学员发挥想象。只有具备了唯一的标准答案，"定式效应"才能通过反复强化唯一答案而产生。

（3）不断重复

要反复学习，需要不断重复实现"深度记忆"和"条件反射"。

（4）多次考试

一定要配套考试，通过考试来检验学习效果。并且一定是多次考试，力争一次比一次改善，最终实现人人达标过关的目标。

而对于"软知识软技能"类的培训，"定式效应"则需要被弱化，以帮助学员积极打破旧认知、建立新认知。针对这类培训，我们需要多采用启发式学习、讨论式学习、体验式学习等发挥主观能动性的教学方式。

对于"软知识软技能"类的培训，我们要避免强行灌输，应引导学员在标准答案基础上提出自己的观点，发挥学员的创造力，提升学员的高度，开拓学员的格局。

"软知识软技能"类培训，其学习效果检验不能依赖机械死板的考试，而应采用经验萃取、案例编写、经历分享、学习复盘等方式，以进一步突出和强化学员在课程内容基础上"自我创造"的部分。

另外，对于阅历不同的学员，"定式效应"的弱化和强化也是相向而行的。对那些刚入职或入行不久，资历浅经验不足的"小白"学员，"定式效应"是需要被强化的。一是此类学员对培训并不抵触，二是强化思维定式有助于他们快速形成我们希望看到的知识结构、思维认知和行为习惯。

而对于那些资历深、经验丰富但思维相对固化的学员，"定式效应"

则应被极大地弱化。这类学员的学习目标主要在于打破认知的天花板和习惯的禁锢，这就需要通过更具创造性、启发性和颠覆性的培训内容，以及更有交流性和互动性的培训方式，更新他们的思维，扩展他们的视野，改变他们的习惯。

第二节　培训活动组织与铺排

　　培训活动的组织与铺排，本质就是把一个个散乱的"点"串联起来，提升培训课程以及培训活动的协同性和体系化。然而，有很多因素会导致协同性的冲突和体系化的破坏。透过"手表定律"我们能识别出培训课程体系内各种潜在的冲突点，借助"多米诺骨牌效应"我们能掌握培训铺排中应有的关联和衔接，经由"酒和污水效应"我们更可以快速诊断出导致培训体系崩塌的危害因素（见图7-3）。

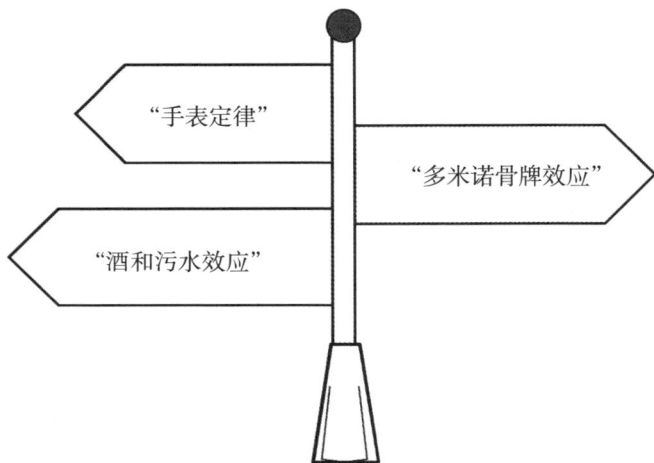

图7-3　培训活动组织与铺排中的三个心理学定律

■ "手表定律" ——标准不一的学习冲突

森林里生活着一群猴子,每天太阳升起的时候它们外出觅食,太阳落山的时候它们回去休息,日子过得平淡而幸福。

有一名游客穿越森林,把手表落在了树下的岩石上,被猴子金毛拾到了。聪明的金毛很快就搞清了手表的用途,于是,金毛成了整个猴群的明星,每只猴子都向金毛请教确切的时间。由于整个猴群的作息时间都由金毛来规划,金毛逐渐建立起威望并当上了猴王。

做了猴王的金毛认为是手表给自己带来了好运,于是它每天在森林里寻找,希望能够拾到更多的表。功夫不负有心人,金毛又拥有了第二块表以及第三块表。

但得到了三块手表的金毛有了麻烦,因为三块手表显示的时间不相同,金毛不能确定哪块手表的时间是正确的。每当有猴子来问时间时,金毛总是支支吾吾回答不上来。金毛的威望大降,整个猴群的作息时间也变得混乱。[①]

只有一块手表,就可以知道确定的时间。然而拥有两块或两块以上时间不一的手表反而会让看表的人失去对准确时间的信心,这就是著名的"手表定律"。

"手表定律"源于同一焦点的不同标准引发的冲突。如果只有一块手表,那大家都可以参考,哪怕这块手表的时间有误差,也无伤大雅。但如果有两块手表并且显示的时间不一致,就会导致巨大的分歧、冲突和对立。

"手表定律"同样会出现在培训课程的组织和铺排过程中,我们尤其要防止以下四类冲突(见图7-4)。

1. 针对同一培训群体不同课题方向的冲突

我们一般会给需要重点培训的需求部门或核心岗位,设计和匹配多个

---

① 手表定律:工作和生活中,你不需要太多声音 [EB/OL]. (2021-02-24) [2023-09-02]. https://zhuanlan.zhihu.com/p/351822571.

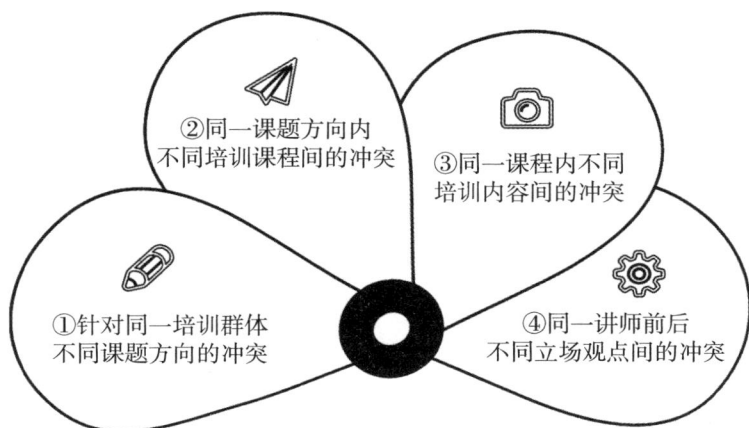

图 7-4　培训规划与组织中的四类冲突

不同方向的培训课题。每一个课题方向，单独来看或许设计得非常合理。但如果把不同的课题方向组合起来看，或许会出现冲突，产生"手表定律"的负面影响。

例如，某集团公司的培训中心负责人为旗下最大事业部的基层主管确定了六大维度的培训课题方向，分别是"高效沟通""创新思维""问题分析与解决""横向协作""时间管理"以及"表达呈现"。粗略一看，这六个课题方向并没有太大问题，然而综合起来就会发现它们之间的潜在冲突。"高效沟通"和"表达呈现"这两个看似不相干的课题方向，在最终培训实施时很有可能出现内容上的交叉、重叠甚至冲突。"创新思维"和"问题分析与解决"这两个课题方向之间也有可能产生"手表定律"，即会出现不少雷同相似但讲解标准相互冲突的内容。

在确定了针对某些部门、岗位或人群的课题方向的基础上，我们需要进一步同培训机构以及讲师界定出不同课题方向之间清晰的边界，以尽可能避免内容交叉、雷同、分歧和冲突，避免"手表定律"的出现。

2. 同一课题方向内不同培训课程间的冲突

即便是在同一课题方向内的不同的培训课程间，同样会产生"手表定律"。以"提升销售技能"这一课题方向为例，在市面上我们可以找到很多不同的有关销售的培训课程，如专业销售技巧、顾问式销售、销售心理学、关键客户管理、大客户销售以及解决方案销售等。不少企业培训负责人制订的销售培训计划，其实就是把这些看似各异的销售课程组合起来形成体系，为业务团队提供系统化的培训。

但是在培训中，这些培训负责人会发现那些看似不同的课程居然有不少方法、技巧、工具和模式都是相似的、交叉的。比如，上述这些名称各异的销售课程几乎都包含"客户需求挖掘"这一模块。但不同课程在此模块上的讲解角度和引导方向却有所差异，甚至会有冲突。学员在学习这些销售课程时，难免会感到迷茫。

3. 同一课程内不同培训内容间的冲突

我们需要进一步留意，同一个培训课程内不同模块和章节的内容，是否彼此间也会产生"手表定律"。

很多培训课程往往只关注单一模块的内容在条理与逻辑上的一致性，却忽视了整个课程不同模块之间可能存在的逻辑冲突和观点分歧。

以某一门经典的沟通培训课程为例，在"有效倾听"这一关键模块中，课程反复强调良好沟通最重要的技能就是做一名高效的倾听者，倾听是沟通最重要的能力；而在之后的"提问验证"模块中，课程则把提问放到了至高无上的地位，强调有效提问才是决定沟通效果的决定性因素。这种前后的逻辑冲突和观点分歧会让学员产生很大的困惑。

正因如此，我们在引进任何一门培训课程时，不仅要审核课程纲要中每个模块的具体要点和目录排列，更要整体评估不同模块之间的逻辑和条理关系。优秀的培训负责人在评估筛选课程大纲时都拥有"火眼金睛"，能快速识别其中是否存在前后内容的逻辑冲突。

4. 同一讲师前后不同立场观点间的冲突

有些讲师在讲解时会出现前后观点的自相矛盾，甚至前言不搭后语。这些讲师在讲课时严谨性不够，备课时充分性不足，比较喜欢现场发挥和随兴表达，并且用语绝对，这就容易导致前后观点的差异和冲突。

还有一些讲师在培训过程中经常进行"自我否定"，即把自己前面讲过的观点和结论推翻，弄得学员无所适从，不知道该信哪个。

更有少数讲师在学员面前缺乏足够的自信，一旦有人质疑和挑战自己的观点，他们就会立刻放弃自己的立场，推翻自己的论述，以迎合学员的观点。

在同一培训课程中如果讲师的前后观点经常出现冲突和否定，就会让"手表定律"在课堂中反复出现，进而严重影响学员的理解和判断。

"手表定律"让我们意识到标准一致对于培训的重要性，而"多米诺骨牌效应"则启发我们如何在培训组织和铺排时做到"四两拨千斤"。

■ "多米诺骨牌效应"——培训铺排的关联衔接

1849年，一位名叫多米诺的意大利传教士把"骨牌"带回了米兰。他把骨牌作为最珍贵的礼物送给了小女儿。多米诺为了让更多的人能玩到骨牌，制作了大量的木制骨牌，并发明了各种玩法。不久，木制骨牌就迅速地在意大利及整个欧洲传播，骨牌游戏成了欧洲人的一项高雅运动。后来，人们为了感谢多米诺给他们带来这么好的一项运动，就把这种骨牌游戏命名为多米诺骨牌。在一个相互联系的系统中，一个很小的初始能量就可能产生一连串的连锁反应，这种连锁反应就被称为"多米诺骨牌效应"或"多米诺效应"。

在组织和安排培训活动时，我们要巧妙地运用"多米诺骨牌效应"，以制造一环扣一环的关联，实现"四两拨千斤"的推动效果。

1. 重视第一堂课

在整个骨牌序列中，我们都知道最为关键的就是第一个骨牌。如果第一个骨牌没有足够的推动力，后面的骨牌哪怕排列得再好，筹备得再用心，所有骨牌也无法顺利倒下。

整个培训课程计划中的第一堂课，则往往会充当极其关键的第一个骨牌，这个骨牌要为整个课程系列提供重要的初始能量。在有限的预算和资源条件下，我们应尽可能在第一堂课上加大投入力度，严格把关审核，尽可能挑选业内该领域口碑过硬的讲师和品质极佳的课程。

这关键的第一堂课如能做到"一炮打响"，赢得良好的反馈和一致的认可，就能为后续培训计划的顺利开展积蓄巨大的能量。

口碑爆棚的第一堂课能产生极强的"吸粉效应",培训计划中后续课程的报名踊跃度和参与积极性会因此而大幅度提升,这就可以有效扫除培训组织的障碍与阻力,极大降低前期宣传动员的精力和成本。

反馈极佳的第一堂课能产生巧妙的"杠杆效应"。基于对这场培训的坚定信心,培训组织者可以积极邀请上级高层亲临现场评估、观摩。一旦该课程得到领导的认可肯定,培训组织者就可以之为"杠杆",去争取更多的资源。

备受好评的第一堂课也能产生积极的"样板效应"。培训组织者可以此为样板,从需求调研、课题选择、讲师筛选、培训形式、组织保障等各个维度提炼出关键成功因素,为后续培训课程的设计、组织和实施建立可复制的标准与模版。

有的培训组织者希望第一堂课尽量"低调",有的培训组织者希望第一堂课尽量"安全",而真正有经验的培训组织者则一定追求第一堂课尽可能"出彩"。

多米诺骨牌的连锁效应既可以是正面的,也可以是负面的。培训组织者一定要严防产生负面效应的第一个骨牌,尽可能避免"不尽如人意"的第一堂课。第一堂课是"满堂彩"还是"开场黑",对后续培训的安排、组织和实施影响巨大。

2. 应用好课程之间的关联效应

或许有人会说:"第一堂课如果太出彩会不会更容易导致后续课程的效果低于学员的预期,容易导致其失望和不满?"这个担忧不无道理,但正因如此,应该向搭多米诺骨牌那样,应用好课程之间的关联效应,以形成一环扣一环的推动效应。

针对同一学员群体不同场次的系列培训,我们要学会把一个个独立的骨牌有机结合起来,让前一个骨牌对下一个骨牌产生明显的助力和推动作用,以下几种做法值得借鉴和参考。

（1）同一优秀讲师连续授课

一旦发掘出某个特别合适的优质讲师,在该讲师第一堂课获得巨大成功之后,我们可乘势引入该讲师的其他优势课程。这样做不仅是为了省心和安全，更是通过"多米诺骨牌效应"优化培训安排的一种思路。

学员基于对该讲师的喜爱、认可和信任，也会喜欢该讲师后续的其他课程，培训的品质和效果能得到足够保证和延续。

不少企业的培训组织者习惯于不断更换讲师，喜欢尝试使用全新的讲师，这样做不仅会导致不同课程缺乏足够的联动，而且很容易出现培训质量起伏波动和培训效果不佳。

（2）不同培训课题之间的内容衔接

即便是不同的讲师讲授不同的课题，上一场培训和下一场培训之间也应该设计好关联。优秀的培训组织者会把上一场培训的内容做成简报发给下一场培训的讲师，以让后者在下次培训的开场环节进行"承前启后"以及"温故知新"。

更有些培训组织者会把上一场培训中的2~3个突出亮点分享给下一场培训的讲师，以便其在授课时嵌入自己的课程框架和内容。同样的核心观念和方法要点，如果不同讲师在各自课程上都反复强调，那相比单一讲师只在单一课程上重复强调，其对学员大脑刺激是更强的。

还有些特别用心的培训组织者甚至会安排上一场培训的讲师和下一场培训的讲师进行一次简短沟通交流，后者往往能从前者那里获得不少对自己备课有益的经验建议。

（3）把培训反馈转化为需求调研

每次培训活动结束时，我们一般都会让学员填写对此次讲师和课程的评价反馈。但是，常规的培训效果反馈评估一般都存在两个缺陷。第一个缺陷是评估反馈表主要是调查学员对本次培训的评价，内容很少涉及学员对下次培训的需求和期望。

基于此，我们完全可以将常规的培训评估反馈表进行升级，加入对下次培训期望的内容。一个不容忽视的事实是，学员在填写自己对本次培训的意见时一般会比较包容，甚至"手下留情"。而当他们填写对下一次培训的期望需求时，则会客观和真实一些。

需要指出的是，学员对下一次培训的期望，并非我们通常认为的想学哪些具体的培训课题。学员应该结合自己在本次培训中的实际体验，提出他们对下一次培训在讲师风格、课程内容、互动方式、培训形式、时间安排、课堂环境等方面的期望要求。事实上，学员对当前培训所产生的各种不满，一般都会转化成对下次培训的期望，这样就可以为培训组织者改进完善下次培训提供了准确的信息。

只有书面评价没有学员访谈是常规培训效果反馈评估的第二个缺陷。资深的培训组织者在参考了学员提交的评估反馈表的基础之上，还会找几个代表性学员进行课后访谈，亲自了解他们对本次培训的意见和对下次培训的期望。

通过评估反馈表升级和亲自访谈这两种基本方式，培训组织者就能把上一场培训的课后反馈评估直接转化成下一场培训的需求期望调研，让培训课程更有关联性。

（4）其他多米诺骨牌联结方式

除了上述做法外，我们可以创新出更多的多米诺骨牌联结方式。例如，有些培训组织者一旦预判下一场培训的讲师水平和课程品质不如上一场培训的，就会提前在学习奖励、案例定制、互动手段、配套素材等方面进行更充分的准备；有些培训组织者一旦发觉连续多次的纯讲授型培训已导致学员陷入倦怠，就会对下一场培训进行授课形式和培训方式的改变；还有些培训组织者会改变下一场培训的时间和空间。

"多米诺骨牌效应"为一场培训和下一场培训之间的联动关系指明了方向，而"酒和污水效应"则为我们剔除培训中的危害因素拉响了警报。

■ "酒和污水效应"——危害因素的剔除或淡化

如果你把一汤匙的酒倒进一桶污水里，你得到的是一桶污水；如果你把一汤匙的污水倒进一桶酒里，你得到的还是一桶污水，这就是著名的"酒与污水效应"。

显而易见，污水和酒的比例并不能决定桶内东西的性质，真正起决定作用的就是那一勺污水，只要有了它，再多的酒都成了污水。

我们经常会用"一块臭肉坏了满锅汤"或者"一粒老鼠屎坏了一锅粥"等说法来指代"酒与污水效应"。

在学校里，如果把一个调皮学生的座位调到一个认真学习的学生身边，调皮的学生可能不会变得认真学习，而那个认真学习的学生反倒有可能跟着一起调皮捣蛋了。

为什么"污水"的破坏性那么大，那是因为一个糟糕个体对他人和环境的负面影响是巨大的。人的自制力是非常脆弱的，有时候只需要一个负面因素就能轻而易举地把整个群体影响。

正因如此，我们需要敏锐地识别出培训组织中的"污水因素"，尽可能将"污水"提前剔除。如果发现"污水"已经存在并且不断发酵，我们则要想方设法地将之淡化和净化。

1. 剔除"污水型"学员

一次精心组织的培训活动，即便规划准备得极其完美，也有可能因为存在"污水型"学员而对教学进程和课堂效果产生极大的负面影响。哪怕只有一两个这样的学员，"酒与污水效应"就有可能连续发酵。

正因如此，我们在挑选参训学员并审核名单时，要尽可能做到宁缺毋滥，并有意识地主动识别和剔除"污水型"学员。

不少培训组织者把审核的重心放在"课题与讲师"的匹配度上，但忽视了"课堂与学员"是否匹配这个重要因素。

还有的培训组织者则抱着"钱都花了，能来尽来"的想法，希望参训学员人数尽量多一些以降低人均培训成本。殊不知，因为混进了"污水型"学员而导致培训效果不佳的代价和成本其实是最大的。

企业的培训负责人对于所组织的每一次重要培训活动，都要提前与需求部门领导一起进行学员名单的"会审"，共同找出"污水型"学员，并在必要情况下以合理的名义将之排除在外。

2. 严防"污水型"讲师

培训组织者一定要把市面上那些"污水型"讲师排除在自己的合作名单之外。对于任何企业的培训负责人而言，在一整年的培训管理工作中，即便有丰硕的成果和颇多的亮点，但只要出现一次有重大负面影响的培训事故，其年度工作绩效评价就会出现难以抹去的污点。

而那些"污水型"讲师往往就是教学事故和培训污点的主要制造者，这类讲师需要纳入企业培训负责人的黑名单，坚决不能用。

在某些时候，有的培训组织者或许会因为预算有限或要求不高等原因而降低对讲师的筛选标准和期望要求，会"大胆"使用一些"风险系数相对较高"的讲师。而这样做的结果，很可能是给自己带来洗之不去的"污点"。

有位拥有超过15年职业经历的培训总监曾说："我用十位优秀讲师给自己工作表现带来的加分，都抵不上用一位差劲讲师给自己工作表现带来的扣分。"

很多企业的培训负责人都有一张自己通过各种渠道汇总而成的白名单，上面罗列着可以放心使用的优秀讲师。而另有一些经验丰富的培训负责人，他们在白名单之外也有一张黑名单，上面列着那些自己系统内部严格禁止使用的"污水型"讲师。

3. 约束"污水型"内容

除了"污水型"学员和讲师外，我们要特别提防在培训课堂中出现"污水型"观点和"污水型"内容。有经验的培训组织者会事先和讲师"约法三章"，某些特定的内容和观点一律不得在课堂中出现。还有的培训组织者会把这种"约法三章"做成书面文件，要讲师提前签字确认，以防患于未然。

4. 避免"污水型"组织

在培训课堂的现场组织和后勤保障方面，也有可能出现"酒与污水效应"。一次原本可以圆满结束的培训活动，讲师表现、学员状态、课程内容等均无任何问题，但有可能因为组织和保障中某些细节的不到位而产生意想不到的"污水"。

把某些重要领导的姓名写错、安排座位忽略了职位高低、现场设备出现了故障、关键文件出现了错别字、会场的灯光和温度等让学员产生不适、会场内外有明显的噪声等，这些"污水"有可能导致培训活动的暂停、培训效果的下滑、培训参与度的降低、培训中人际关系矛盾等各种问题。

为了避免这类"污水"的出现，我们需要针对培训组织和后勤保障方面的各种细节，提前准备好一张核对清单，并把其中可能出现的"污水点"——提前识别、标注和排除。

第三节　培训目标与职能定位

培训活动需要清晰的目标，培训管理也需要清晰的职能定位。定位如果产生偏差，则既定的目标和职能根本无法达成和实现。

"安泰效应"帮助我们区分培训对象需要弥补和提升的到底是个人能力还是组织能力，"安慰剂效应"则让我们认识到有些学员需要的只是提升其心理能力的"安慰剂"，而"过度理由效应"有助于企业的培训管理者认清自己和外部培训机构以及内部需求部门之间交往互动的价值本质（见图7-5）。

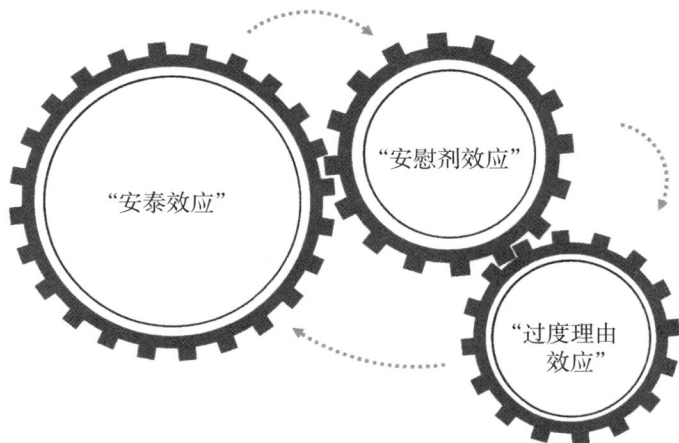

图7-5　优化培训目标与职能定位的三个心理学定律

■ "安泰效应" ——个人能力与组织能力

"安泰效应"源于古希腊神话中一个叫安泰的大力神。作为波塞冬与盖娅的儿子，他力大无比并且百战百胜。但他有一个致命的弱点，那就是一旦离开大地，离开母亲的滋养，他就失去了一切力量。后来他的对手刺探到了这个秘密，想了个计策让他离开了大地。没有了大地的支撑，对手轻而易举地在空中把他打败了。①

人们把一旦脱离相应条件就失去某种能力的现象称为"安泰效应"。对于培训工作而言，"安泰效应"带给我们最大的启发就是把个人能力和组织能力界定和区分开来。

安泰貌似个人能力很强，但一旦离开大地，他就毫无力气。这就意味着赋予安泰强大力量的不是其个人能力，而是其背后的组织能力。

1. 区分个人能力与组织能力

在设定培训目标时，我们总是希望最终的培训效果是学员个体行为的改变与个人能力的提升。但我们更应理性思考，为了最大限度改善问题与改进绩效，真正需要提升的到底是个人能力还是组织能力，或者说目前受训对象真正缺失的到底是个人能力还是组织能力。

以销售能力培养为例，业务人员个人的销售技能只是影响其绩效表现的一部分因素而已。在很多时候，即便把业务人员销售能力发挥到极致，也未必代表他们在市场竞争中有超越同行的绩效表现。

正因如此，部分企业的培训管理者会建议销售部门负责人既提升业务人员个人能力也强化整个业务团队的组织能力。销售行动的标准化流程，影响客户决策的宣传和媒体工具，赢得客户信任的证据演示素材，吸引客户的增值服务项目以及多样化的业务推广活动等，都是销售组织能力的各种表现。我们需要通过培训辅导的方式让销售人员熟悉、掌握和使用组织能力。

---

① 认识心理学：安泰效应［EB/OL］.（2017-08-19）［2023-09-03］. https：//zhuanlan.zhihu.com/p/28616931.

再以沟通能力提升为例，不论是何种性质的团队，成员之间的沟通效率和沟通质量既取决于每个成员个体的沟通水平，也取决于整个团队的内部沟通机制。如果只希望通过培训提升个人的沟通技能，而不去改变和升级沟通机制等组织能力，沟通不畅的问题依然会存在。

在规划、组织和实施培训活动时，个人能力提升往往占据着显性的一面，而组织能力提升则往往成为容易被忽视的隐性一面。如果隐性的一面被视而不见，显性的一面被过度强调，培训预期目标的达成就较难实现。

2. 把个人能力升级为组织能力

把员工的"个人能力"升级为"组织能力"，即萃取并复制优秀成员的工作经验和方法，使其变成整个团队的能力，这是"安泰效应"带给我们的另一个启示。

若要把个人能力变成全体成员都能共享的组织能力，我们就需要通过"三个化"来完成萃取提炼的过程，它们分别是经验步骤化、步骤流程化以及流程工具化（见图7-6）。

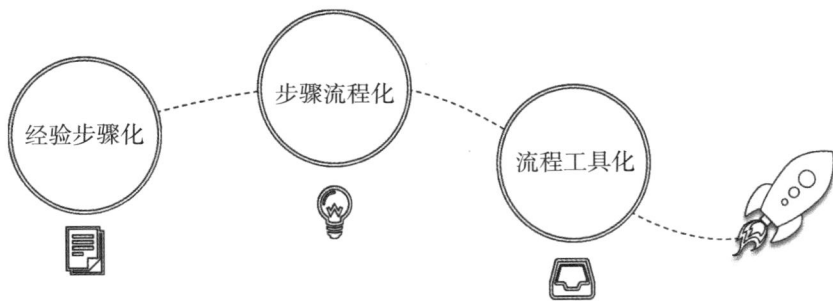

图 7-6 个人能力升级为组织能力的"三个化"

（1）经验步骤化

很多人即便有出色的经验和技能，但在很多时候行为都是习惯性的、无意识的、只可意会不可言传的。这种个性化的经验如果不加以萃取和提炼，就很难从个人能力升级为整个团队共享的组织能力。

而把个人经验萃取提炼形成组织能力的第一步就是经验步骤化。个人经验往往是无序、杂乱、因人而异的，而行动步骤则是有序、规范、共通的以及可复制的。培训的最终目的是通过改变行为来提升绩效，而绝大多数行为基本都是按照步骤来进展的，因此经验步骤化的好处在于把个人经验和行为提升直接挂钩。

（2）步骤流程化

所谓流程化就是把有效行为按照步骤进一步规范化、格式化和标准化，通过流程的形式确定谁、什么时候、什么地方、需要多少资源、做什么事情以及输出什么文档等关键节点和具体要求。流程化把行为步骤通过定性分析以及定量分析变为标准化、格式化和明确化的行动规则。

（3）流程工具化

所谓工具化就是将流程"装进"某个日常可用的操作工具，以提升流程执行和使用的便利性和效率。这里的工具指看板、软件、App、小程序、系统等，这些工具能让流程更规范和高效。

以经验步骤化、步骤流程化以及流程工具化为特征的个人能力"组织化"升级已经在很多企业内部如火如荼地展开并且取得了丰硕的成果。例如，有的企业要求销售人员将业务跟进的关键进展、客户内部的信息动态、竞争状况的分析研究、成功突破的经验总结等，全部上传到 CRM（客户关系管理）系统，这样做的目的是把业务人员个人的工作经验逐步转变为整个企业在销售方面的组织能力。

"安泰效应"提示我们不仅要区分个人能力和组织能力，更要促进前者向后者的转化。而"安慰剂效应"则提醒我们有些学员真正需要的不是职业能力提升而是心理能力建设。

■ "安慰剂效应"——职业能力与心理能力

所谓安慰剂，是指由既无药效、又无毒副作用的中性物质构成的、形似药的制剂。安慰剂多由无药理作用的惰性物质构成。安慰剂对那些渴求治疗、对医务人员充分信任的病人能产生良好的积极反应，这被称为"安慰剂效应"。使用安慰剂时容易出现相应的心理和生理反应的人，则被称为"安慰剂反应者"。

其实，安慰剂没有生理上的作用，它只有心理作用。但心理作用也是客观存在的，绝对不能被忽视。正因如此，我们在规划和组织培训时，一定要把心理能力的建设和"安慰剂"的添加作为不可忽视的内容之一。

1. 区分需求部门"痛点"背后的能力类型

对参训对象进行能力上的改善提升是培训的核心目标，而这里所指的能力既包括职业能力，也包括心理能力。

当需求部门提出希望通过培训来解决的"痛点"时，培训组织者要清晰地区分这些"痛点"产生的原因到底是受训对象职业能力的不足还是心理能力的不足。

比如，某公司客户服务部门向该公司培训经理提出，新入职的客服人员在面对客户时沟通表达技巧不够，希望培训部门能组织一场提升沟通表达技能的培训。但培训经理在学员调研和摸底时发现，导致这批客服人员表现不佳的主要原因是面对客户抱怨和投诉时心理上的压力、紧张和焦虑。这就说明需求部门在提出"痛点"时把心理能力问题误判成了职业能力问题。

如果培训经理只是一味地迎合客户服务部门的期望，单纯地组织一次沟通表达技巧方面的培训，这批新进客服人员的表现即便有所改善，也是治标不治本的。

事实情况是，该培训经理积极建议客户服务部门针对新人组织一次"安慰剂"式的培训，其形式可以是授课式的、体验式的、情景式的、拓展式的。这种"安慰剂"式的培训，内容"干货"多少并非关键，重点在于让新进客服人员的情绪能得到释放，压力能得以缓解，自信心能得到提升以及心态能得到修正。

2. 在培训内容中增加"安慰剂"

有些人或许认为培训内容中"干货"应该越多越好，但过多的"干货"反而可能导致一定的副作用。

有些企业的培训负责人因为觉得学员从全国各地集中在一起的机会很难得，不仅希望讲师在白天的授课中尽量"干货"满满，而且会安排学员在晚上继续讨论交流。

然而，这种让人精疲力竭的高强度安排，容易产生不良影响。学员会产生焦虑、压抑、困乏甚至抵触的情绪，不仅当晚的学习收获有限，而且会极大影响第二天的学习专注度和参与度。

任何一次培训都应该适度添加"安慰剂"。有些企业的培训负责人会让学员在培训当天的晚上充分休息，或会组织时间不长但轻松愉快的晚宴、竞赛游戏、才艺秀等，这些都是能提升心理能力的"安慰剂"。

对于那些讲课"太干"的讲师或内容"太干"的课程，我们需要在培训现场针对性地准备和添加"安慰剂"。

比如，在培训开场时安排领导进行学习动员鼓励，在课间休息时循环播放催人奋进的音乐或视频，在学员微信群里即时发布精彩瞬间和图文报道，每隔一段时间邀请优秀学员发表学习收获感悟，甚至间歇性地让学员起身做一些开怀互动等。

虽然大多数人都比较反感"鸡汤型"的培训，但从借鉴的角度客观评价，"鸡汤型"培训在"安慰剂"的设置方面是做得非常极致的，但缺点则是没有太多"干货"。

"安慰剂效应"告诉我们培训时不能忽视学员心理能力的建设，而"过度理由效应"则为企业的培训管理者如何界定与外部培训机构及内部需求部门之间的价值关系提供了有益的启发。

■ "过度理由效应"——角色地位 vs 价值本质

"过度理由效应"往往指交往双方的某一方忽视彼此关系中深层的价值本质而过度追求浅层的外在利益或角色地位的现象。

企业的培训管理者在和外部培训机构以及内部需求部门的交往过程中，需要防范、洞察和纠正"过度理由效应"的不良影响。

1. 培训管理者与外部培训机构

外部培训机构作为供应商，一般而言处于相对弱势的乙方地位。而培训管理者则代表所在的组织单位，拥有相对强势的甲方地位。

但是，有些培训管理者过度放大了甲乙双方之间的地位差异，过度放大了培训机构作为乙方的服务角色和从属定位。

个别培训管理者会把自己不愿意做的事，没有含金量的事，"劳力密集型"的事，通通交给培训机构来执行。而培训机构则因为在乎甲方的业务而不得不尽量去迎合，有求必应，任劳任怨。

久而久之，许多培训机构就不幸沦为了甲方培训管理者的"助理角色"，"干杂活"角色甚至是"跑腿"角色。双方甚至都觉得这样的服务是应该的、必需的，甚至不可或缺的。很显然，发生在甲方培训管理者和乙方培训机构之间的"过度理由效应"就这样产生了。

一旦双方适应和习惯了这样的角色关系，培训管理者就会忽视与培训机构及其讲师之间更深层次的专业交流和高价值协作。为了跳出"过度理由效应"的负面影响，培训管理者可以赋予优质的培训机构及其讲师"参与者"、"创意者"、"批评者"以及"整合者"四个合作角色。

（1）让培训机构成为"参与者"

不少企业的培训管理者往往在培训需求链条的中后期才会联系和接洽培训机构，即有了明确的培训课题之后才会要求培训机构提供对应的课程和讲师让自己挑选。而那些经验丰富的培训管理者则会邀请培训机构和相关讲师提前参与自己的培训规划，提前介入需求的调研和诊断，提前接触和了解需求部门的"痛点"。培训机构的参与度越高，参与时机越早，其对培训需求的理解和判断就越准确，其提出的培训建议和方案就越有价值，其匹配的课题和讲师就越适合。

（2）让培训机构成为"创意者"

作为市场上的乙方，在激烈的竞争环境下，大多数培训机构或多或少都具备某些专项优势。因此，优秀的培训管理者会把培训机构作为自己的咨询顾问，在日常工作中经常向其询问求教。不少培训机构也的确能为企业的培训管理者献计献策，提供很多有价值的创意方案和范例。

（3）让培训机构成为"批评者"

有的培训管理者会把培训机构当成自己的"批评者"。其会邀请培训机构对自己的工作设想、工作成果等进行客观理性的点评，提出建设性的修改意见。当然，少数聪明的培训管理者，还会巧妙地利用 A 培训机构来帮自己对 B 培训机构及其讲师进行评估。

（4）让培训机构成为"整合者"

培训管理者的日常工作离不开各类外部资源的支持和协助。由于自身没有足够的时间和精力亲自寻找和匹配各类资源，培训管理者寻求那些既优质又有包容性的培训机构来帮助自己去整合各类资源。这样做无论是对培训管理者还是对培训机构都是双赢的，因为整合来的资源对双方都有利用价值。

2. 培训管理者与内部需求部门

相对于在与外部培训机构交往中扮演的强势角色，培训管理者在与企业内部需求部门的互动中又会变得弱势一些。

对培训管理者而言，需求部门是自己需要服务好的"内部客户"，并且有的"内部客户"还非常固执和强势。

例如某位需求部门的领导要求培训部门安排一场以解决某个"工作痛点"为目标的培训。但是，无论培训管理者如何竭尽所能，其所提供的培训课题、方案和师资却无一能让该挑剔的领导满意。于是该需求部门的领导对培训管理者提出了批评，认为其不能胜任工作。

又如某部门领导向培训管理者提出了需求之后，其想法每过几天就会变一变，使该培训管理者疲于应付、苦不堪言。

还有些需求部门领导会向培训管理者指出一大堆团队存在的问题不足，希望通过培训来改善提升，但是他们怎么也说不清楚到底想要什么。

培训管理者和内部需求部门之间也会产生"过度理由效应"。个别需求部门领导并不认可与尊重培训部门的专业价值，他们只把培训管理者当成对外找课题、找讲师、找资源的中间人。

正因如此，培训管理者需要强化自己在企业内部的专业价值以及在需求部门领导心中的顾问角色。具体而言，帮助需求部门进行"培训需求"界定，帮助需求部门进行"培训资源"赋能，帮助需求部门进行"培训期望"管控，帮助需求部门进行"培训认知"提升，都是行之有效的做法，可提升培训管理者内部影响力（见图7-7）。

（1）帮助需求部门进行"培训需求"界定

来自需求部门的"培训需求"，往往呈现两个极端。一个极端是需求

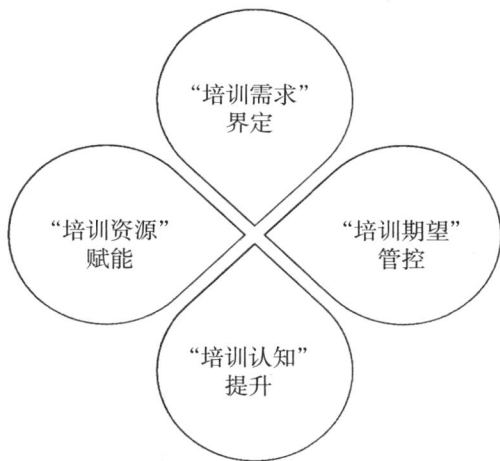

图 7-7 培训管理者提升内部影响力的做法

部门领导能说出"业务痛点"但说讲不出"培训需求"。因为很多"业务痛点"并不是靠培训这一手段能改善解决的，因此从培训的角度来看这些是"无效需求"。另一个极端是需求部门领导会直白地说出"培训需求"，即自己希望给团队上某某类型的课，需要找某某类型的老师。但是培训管理者发现这类课题和讲师其实和其当前的"业务痛点"并不吻合。

在面对上述两类极端的"培训需求"时，培训管理者绝不能盲目地去迎合，而是应和需求部门领导进行"培训需求"的重新界定。对于只会说"业务痛点"不会表述"培训需求"的需求部门领导，我们要引导其思考并界定哪些问题是可以通过培训来解决的，哪些问题是培训无法解决的。对于那些直白地提出"要做某个课题培训"的需求部门领导，我们要引导其思考并评估该课题和其存在的"业务痛点"之间是否真正匹配。

（2）帮助需求部门进行"培训资源"赋能

培训管理者要借助外部培训机构的力量，调动各种资源为需求部门进行赋能，以提升自己在内部的影响力和角色地位。安排需求部门领导出席某些重要的会议活动，邀请某些专业人士与需求部门进行交流研讨，安排需求部门核心骨干外出参观考察，帮助需求部门把工作成果申请为专利，提供专业测评以帮助需求部门领导进行人员素质诊断，为需求部门提供各种交换而来的在线学习资源（尤其是讲课视频资源），都是利用各类资源为需求部门赋能的做法。培训管理者要摆脱只会找课程找老师的中间人定位，努力提升自己在组织内部的影响力，以赢得需求部门领导的认可与尊重。

（3）帮助需求部门进行"培训期望"管控

培训管理者不仅要对需求部门说"是"，也要学会对需求部门说"不"。培训管理者往往比需求部门领导更懂得什么是培训可以解决的，什么是培训不能解决的。有些需求部门领导对培训的课程内容和授课方式，以及对培训讲师的行业背景与相关资历，有非常高的要求期望。但在不少情况下，这些期望表面上看似乎有利于确保培训的效果，实际上是过犹不及的。以销售培训为例，有些企业的业务部门负责人要求讲师必须是本行业出身，甚至必须担任过本行业知名企业销售副总以上职位的人才行。而富有经验的培训管理者都知道，在影响销售培训效果的诸多因素中，讲师本人的行业出身只是其中一个因素而已，并且这一因素有时候并非决定性的。

一旦需求部门领导的期望要求太高，培训管理者匹配对应资源的难度就会变得很大，甚至容易被误导。如果能合理管控和引导需求部门领导的期望，培训管理者就能在其提出的要求和自己可以提供的资源之间更快找到平衡点。

（4）帮助需求部门进行"培训认知"提升

为了让需求部门领导能站在专业培训的立场进行换位思考，培训管理者有责任提升其对培训的理解和认知，让他们更了解培训，更喜欢培训，让他们也能成为"培训人"。

聪明的培训管理者会力荐优秀的需求部门领导加入"内训师团队"，让他们参加系统的 TTT 培训，让他们经常登台分享，让他们参加外部的培训行业活动。

有些培训管理者会定期组织与培训有关的内部沙龙，邀请外部各个领域的培训专业人士进行专题分享，以提升需求部门领导对培训的认知。